釈尊の未来予言

大川隆法
RYUHO OKAWA

まえがき

第1章では、現在進行中の「コロナ・パンデミック」について釈尊《しゃくそん》に珍《めずら》しい未来予言をして頂いた。

その見解や予想について、オーソドックスな宗教家としての意見が分かるだろう。様々《さまざま》な新聞報道やテレビ報道を見聞《みき》きしていると、この世の肉体生命への執着《しゅうちゃく》のオンパレードで、私ならずともゲンナリしている人は多かろう。

政府や、自治体の長の発する命令も、蟻《あり》の群れを棒切《ぼうき》れで追い立てているような感じだ。

こんな「俗物政治《ぞくぶつせいじ》」はもうまっ平《ぴら》ごめんと感じている人たちには、第2章の

「ロックな」ジョン・レノンの霊言を読んで下されば、スッキリして頂けるのではないかと思う。

いずれにせよ、神なき人類の増殖《ぞうしょく》は、ターニング・ポイントを迎《むか》えている。

二〇二〇年　四月二十三日

幸福《こうふく》の科学《かがく》グループ創始者兼総裁《そうししゃけんそうさい》　大川隆法《おおかわりゅうほう》

釈尊の未来予言　目次

第1章　釈尊《しゃくそん》の未来予言

二〇二〇年四月十四日　収録
幸福の科学　特別説法堂《せっぽうどう》にて

8 「本当の信仰《しんこう》を持っているかどうか」が試《ため》される

第2章　ジョン・レノンの霊言《れいげん》

二〇二〇年四月十四日　収録
幸福の科学　特別説法堂にて

第3章　メタトロン、ヤイドロンのメッセージ

――ＵＦＯリーディング㊿――

二〇二〇年四月十四日　収録
幸福の科学　特別説法堂にて

「霊言現象《れいげん》」とは、あの世の霊存在の言葉を語り下ろす現象のことをいう。これは高度な悟《さと》りを開いた者に特有のものであり、「霊媒現象《れいばい》」（トランス状態になって意識を失い、霊が一方的にしゃべる現象）とは異なる。外国人霊の霊言の場合には、霊言現象を行う者の言語中枢《ちゅうすう》から、必要な言葉を選び出し、日本語で語ることも可能である。

なお、「霊言」は、あくまでも霊人《れいじん》の意見であり、幸福の科学グループとしての見解と矛盾《むじゅん》する内容を含《ふく》む場合がある点、付記しておきたい。

第1章　釈尊《しゃくそん》の未来予言

二〇二〇年四月十四日　収録
幸福の科学　特別説法堂《せっぽうどう》にて

釈尊《しゃくそん》（ゴータマ・シッダールタ）

約二千五、六百年前に、現在のネパールで生まれた仏教の開祖。当時、その周辺地域のカピラヴァスツを治めていた、釈迦《しゃか》族のシュッドーダナ王（浄飯王《じょうぼんのう》）とマーヤー夫人《ぶにん》（摩耶《まや》夫人）の子として生まれる。王子として育てられるも、道を求めて二十九歳《さい》で出家《しゅっけ》し、三十五歳で大悟《たいご》。鹿野苑《ろくやおん》で最初の説法《せっぽう》（初転法輪《しょてんぽうりん》）を行《おこな》って以降、八十歳で入滅《にゅうめつ》するまでインド各地で法を説き続けた。その後、仏教は世界宗教となる。「釈迦牟尼世尊《しゃかむにせそん》（『釈迦族の偉大《いだい》な方』の尊称《そんしょう》）」を略して「釈尊」と呼ばれる。

［質問者三名は、それぞれA・B・Cと表記］

1　釈尊《しゃくそん》の未来予言収録に当たって

宇宙戦争のごとき様相を呈《てい》しつつある新型コロナウィルス問題

大川隆法　今年最初に、新型コロナウィルス感染《かんせん》の霊示《れいじ》等を受け取ったときには、感染者はまだ数万人レベルで、死者も数百人単位だったと思います。まだそのくらいのレベルの段階で録《と》りましたが、四月半《なか》ばになった今、世界での感染者はすでに二百万人近くになっていますし、死者も十万人単位になってきています。

　アメリカなども、もう五十数万人は感染していますし、二万人以上の死者を出して、スペインやイタリア等も、

『中国発・新型コロナウィルス感染 霊査』（幸福の科学出版刊）

二万人ぐらいはもう亡《な》くなっている状況《じょうきょう》で、先進国も軒並《のきな》み「万単位」の死者が出始めている状況であります。

日本はまだ、数字的には数千人でとどまっているのですけれども、これから広がるかどうかということで、「緊急《きんきゅう》事態宣言」が出され、一カ月ぐらいやっているところです（収録時点）。

ただ、全体の世相はとても悪く、とにかく、「人と会うな」「自宅でじっとしていろ」ということでありますので、まあ、賭《か》けでしょう。一カ月ぐらいで収まればよいけれども、収まらなかったら、すべて崩壊《ほうかい》に向かうと思われます。

政府は、「現金をばら撒《ま》く」などと言っています。一カ月ぐらいの補償《ほしょう》であればできるとは思いますが、みな、恒久的《こうきゅう》失業者になったら、それはきついでしょう。「出勤者を七割減らせ」と言っているけれども、ニューヨークなどは「百パーセント自宅にいろ」などと言っていますので、これは大変な事態ではあろうかと思います。

世界地図を色塗《いろぬ》りすれば、ほとんど全世界に広まりつつあることが分かるので、まるで〝宇宙戦争〟か何かの様相を呈《てい》しているのではないでしょうか。

これが一カ月ぐらいで済めばよいのですが、いろいろな人からの予言等を見るかぎりでは、もっともっと広がりそうなことを言う人ばかりです。三カ月も「緊急事態宣言」のようなものが続いたら、完全に「職業崩壊」が始まると思うので、「世界大恐慌《だいきょうこう》」を超《こ》えて、ものすごいことが起きるのではないかと感じます。

また、人が集まること自体が悪く、人と会うことも悪くなってきていますので、これは「文明の崩壊」が近づいているようにも感じられます。

「天意だからしょうがない」と語ったジョン・レノンの霊《れい》

大川隆法　今朝《けさ》ほど、ジョン・レノンの霊《れい》と話をしました（本書第2章）。英語で病気撃退《げきたい》の祈願《きがん》を書くか、歌でも何かつくろうかと思ったのですけれども、ジョン・レノンと話したかぎりでは、「これは天意だからしょうがない」というような言い方でした。

「天意が人口を減らそうとしている。今、地上の人口がたくさん増えて、この世の価値観が〝地獄《じごく》霊生産場〟と化しているので、人が増えたら地獄行きが増えるということであれば、人口を減らすというのは、まあ、そうでしょうね。もう、〝釈尊《しゃくそん》の涅槃寂静《ねはんじゃくじょう》〟に入《い》るしかないんじゃないの?」というような結論でありました。

この使い方は、どういうつもりかは知りませんが、「もうあの世に還《かえ》れ」と言っているような感じだったのです。

「ウィルスがはびこっている」のと、「人類がはびこっている」のとはほとんど共時性があり、(人類が)この世に生きていること自体、やっていることも、意味のないマイナスのことというか、地獄的なことをするためにはびこっているように見えるというような価値観、判断も入っていたかと思われます。

自《みずか》らの言葉に慎重《しんちょう》である釈尊に、あえて「未来予言」を訊《き》く

大川隆法　そういう申し送りだったので、釈尊は「未来予言」のようなものはあまりお好きではないでしょうが、ほかの方にも訊《き》いていますので、釈尊にも訊いてみようかと思います。

あるいは「しない」と言うかもしれません（笑）。「縁起《えんぎ》の理法《りほう》で、あなたがたの行《おこな》っていることが結果になるだろう」ということで終わりかもしれません。その場合は、予言はそれで終わります。一分ぐらいで終わりになるでしょう。

釈尊には、正語《しょうご》、真実語《しんじつご》を語らなければいけないということがあるために、ほかの人のように、無責任には話せない厳しいところがあります。

インド時代の仏典《ぶってん》にもありますが、釈尊に対し、「明日《あした》、うちに来て説法《せっぽう》してください。お弟子《でし》さん二百人、お食事に招待しますから」などと言っても、釈尊は返事をせず、沈黙《ちんもく》していたといいます。もし実現できなかった場合、嘘《うそ》をついたことになるために、それに答えなかったわけです。釈尊はそのくらい慎重《しんちょう》な方でありますが、話したことは遺《のこ》るため、今回、どういう言い方をされるかは分かりません。

ただ、ほかの方もいろいろと言っていますので、どのように考えるか、感想ぐらいは言ってくれるのではないかと思います。ジョン・レノンの「釈尊の涅槃寂静に入れ」という言葉を引き継《つ》いで、訊いてみようかと思いますので、よろしくお願いします。

質問が〝愚問《ぐもん》〟である場合、早々《そうそう》に打ち切られる可能性もありますので、気をつけてお訊きくだされば幸いです。

（手を軽く一回叩《たた》く）では、ゴータマ・シッダールタ、釈迦牟尼仏《しゃかむにぶつ》、仏陀《ぶっだ》、世尊《せそん》、釈尊の霊言《れいげん》を頂きたいと思います。

可能かどうか分かりませんが、未来予言を中心に、これからどのようになるのか、また、どのようにしていくべきなのか、あるいは、現代世界と日本の人々に考え違《ちが》いがあるなら、その考え違いの原点のところも含《ふく》めまして、何らかのお言葉を頂ければ幸いです。

（約十秒間の沈黙）

2 「死が支配する世界」を考えるべき時代

「現在の延長上の未来は築けない」

釈尊　ふーっ（息を吐《は》く）。はい。

質問者Ａ　本日は、幸福の科学にご降臨《こうりん》くださり、まことにありがとうございます。ただいま、大川隆法総裁先生からご説明がありましたように、現時点におきまして、中国発・新型コロナウィルスが世界中で猛威《もうい》を振《ふ》るっています。

世界的には、感染者《かんせんしゃ》が二百万人近くになるとともに、十一万人もの方が亡《な》くなり、日本でも八千人近くの方が感染し、百数十人が亡くなっているというのが現時点での状況《じょうきょう》でございます（収録時点）。

　こういった疫病《えきびょう》が流行し、今、危機的状況を迎《むか》えつつあるわけですけれども、まず、釈尊が、日本と世界の現状をご覧になって、どのような感想をお持ちなのかをお伺《うかが》いしたいと思います。よろしくお願いいたします。


釈尊　「現在の延長上の未来は築けない」ということを意味しているのではないかと思います。

　現時点で流行《はや》っているもの、メジャーなもの等が行き詰《づ》まることを意味していると思います。

　かといって、「巣ごもり」状態で、いつまでもつかということですが、潜水艦《せんすいかん》で海を潜《もぐ》っているようなものでしょうから、たぶん、いつまでもは、もたないでしょうね。

私としては、「立ち止まるべきとき」が来たのかなという気がしますね。

この世があまりに生きやすいと、人々は、この世的な生き方を是《ぜ》として、その価値観にまみれてきます。

現在のこの災《わざわ》いが何を意味しているかということですけれども、一つは、この世でウィルスのようにはびこっている価値観、世論《せろん》、こういうものに対して、完全にこれを押《お》しとどめようとする力のようにも見えます。今まで「よし」と思われたものが、できなくなってきているわけですからね。

まあ、ある意味では、それは、人類にとっては「立ち直りの機会」が与《あた》えられているのかもしれません。

「人の死とは何か」について考えなければならない時代

質問者A　そうしますと、昨年末あるいは年初から、このウィルスが世界に広がって、現状を迎えているわけですけれども、これからの世界はどのような状況になっていくとご覧になっていますでしょうか。

釈尊　うーん、まあ、「死が支配する世界」でしょうね。死というものを、みんなが考えなければいけない時代に入ると思います。

すでに、病院は、もはや能力を超《こ》えていて、どうすることもできなくなっていますから、現代が誇《ほこ》っていた医学も、科学技術も、何もなす術《すべ》もなく敗れていくのを、あなたがたは目《ま》の当たりにすることになるでしょう。

そして、人々は、「人の死とは何か」ということを考えなければならないでしょうし、自分自身の死も、身近なものに感じられるでしょうね。

だから、明日《あす》、誰《だれ》がウィルスから肺炎《はいえん》になって死ぬかも分からない。テレビで活躍《かつやく》していたり、政治家や財界人や、その他、有名人であった方も、これからバタバタと死んでいきます。それを見て、やはり、「世の無常《むじょう》」を感じるでしょうし、この世的な力が何一つ効かない時代に入っていくことは事実でしょうね。

でも、私から言わせれば、仏教が説かれたときも、まあ、そんな時代ではあったのです。「人間が無力を感じるような時代」ではありました。

今、人間の力が大きくなりすぎていてね、すべてを支配できるような気持ちになっているときで、「世界八十億・総天狗化《そうてんぐか》」してきている時代ですのでね。その天狗の鼻が折られる時期は来ているのかと思います。

まあ、ウィルスは「一つの象徴《しょうちょう》」であって、特にウィルスにこだわっているものではないと思います。

その前も考えてみれば、例えば、大地震《おおじしん》、大津波《おおつなみ》、火山爆発《ばくはつ》、その他、たくさんいろいろな危機の予兆はあったはずですね。あるいは、テロ、戦争、もっと戻《もど》れば、第二次大戦での原子力爆弾《ばくだん》等あたりまで戻っていくでしょうかね。

その前は「世界大恐慌《だいきょうこう》」がございましたから、もう百年近く前になりますけれどもね。世界大恐慌から脱《だっ》するために戦争が必要になって、強国が戦争を起こしていました。

今回も、大恐慌にはなると思いますので、戦争が起きるか、その前に、このウイルスでもう手が回らなくなるか。

そうした端境期《はざかいき》にいるように感じられます。

「ニューヨークの状況《じょうきょう》」が世界的に展開すれば……

質問者B　過日、こうした状況《じょうきょう》をご覧になった大川隆法総裁は、関連する霊人《れいじん》等を呼び、意見を聞かれています。

例えば、日本の細菌学《さいきんがく》の父である北里柴三郎《きたさとしばさぶろう》先生を呼んで伺ったところ、その見通しとしては、「将来、コロ

『中国発・新型コロナウィルス　人類への教訓は何か』（幸福の科学出版刊）

ナウィルスによって五億人ほど亡くなる」というように予見されていました。

また、四月九日には、「眠《ねむ》れる予言者」といわれる、アメリカの近代の予言者であったエドガー・ケイシー様の霊を降ろしてお聞きしたところ、「四十億人が感染して、そのうち約二割の八億人が死亡するであろう」という予言をされています。

今、この状況下で、世界の人々、日本の人々は、「未来に向けて、どのあたりの被害《ひがい》まで広がっていくのか」ということを懸念《けねん》していますけれども、どのあたりまで、こうした「死の支配する世界」というものが広がっていくのか。そうしたところについて、ご教示を賜《たまわ》れれば幸いでございます。

釈尊　まあ、今のニューヨークなどの状況を見るかぎりは、この「ニューヨークの状況」が世界的に展開されるようなら、エドガー・ケイシーが言っているような状態になるだろうと思います。

すでに、八百万のニューヨークの人口のうち、十万人以上は感染している状況で、もはや〝戦争状態〟に突入《とつにゅう》していると思われますので（収録時点）。

これからあとは、蓮《はす》の花が増えるのと同じぐらいの速度で、倍々に増えていきますので、そうとうのところまで行く可能性はあります。その時間はそれほどかからないと思います。

ですから、「それが起こらないようにする〝変数〟が何か出るかどうか」ということですね。何らか、その状態を、倍々で増えていく状態を止めるような〝変数〟に当たるものが出現すれば、それは変わるかもしれないけれども、今のままでいけば、ニューヨークの状況がいけば、そうなる。

今の「日本の状況《じょうきょう》」が世界標準なら、感染者《かんせんしゃ》、死亡者の数は？

釈尊　今の日本の状況《じょうきょう》は、まだ、「緊急《きんきゅう》事態宣言に効果が出るかどうか」が、今の時点では分かってはおりませんけれども。まあ、他国よりは今のところ遅《おそ》い増え方をしていますが、「日本の状況」が世界標準になるとしたら、おそらくは、そこまでは行かないであろうと思われますけれども。うーん……、どうでしょうか。

その場合は、今が二百万人近いので……、でも、一千万人では、やっぱり止まらないでしょうかね。

質問者B　一千万人？

釈尊　感染者《かんせんしゃ》が一千万人では止まらないでしょうね。

質問者B　止まらない？

釈尊　うーん。二百万人が一千万人になるのは、そんなに時間はかからないので。それから、先進国からしてこの状態ですので、中進国、発展途上《とじょう》国になりますと、もう無力ですので、やっぱり、感染者が最低でも数千万人は行くでしょうね。

ただ、「叡智《えいち》を結集して、何らかのワクチンに当たるものがつくれるかどうか」ということもありますけどね。これも〝変数〟の一つですし、天才的な方が、何かこれを止める方法を考えることができれば、それは可能性としてはありますけどね。

ただ、「全世界の人たちが家に籠《こ》もって過ごせる未来」というのは、そう長くはないでしょうね。もう、一昔前《ひとむかし》の〝核《かく》の冬〟みたいなもので、核兵器で世界中が汚染《おせん》されて出られない、地下に潜るような時代か、あるいは、宇宙から放射線みたいなものがいっぱい当たるような状況とか、巨大隕石《きょだいいんせき》が落ちて、地球上、表面をほぼ絶滅《ぜつめつ》させるような状態もありえますので、そんな感じに近づいてくるでしょうかね。

だから、（世界標準が）日本の状態なら、「数千万人」の感染者で、おそらく、死者は「数十万人」で止まる可能性はあると私は思っていますが、ニューヨークの状態なら、けっこう行くと思います（注。本霊言《れいげん》収録から三年後の二〇二三年五月現在、世界では感染者が七億六千六百万人、死者数が六百九十三万人を超え、日本では、感染者が三千三百万人、死者数が七万四千人を超えた）。

「現代の〝魔女狩《まじょが》り〟」が起きる可能性もある

質問者B　今、おっしゃったように、日本はかなりよいレベルなのかもしれませんが、エドガー・ケイシー様いわく、「日本は、戦争末期のような状況になるので、自給体制を高めなければならない」というようなことでした。

また、エドガー・ケイシー様は、「地球最後の日のシミュレーションになる」とまで言われておりましたけれども、何か〝変数〟があって弱まったとしても、やはり、「地球最後の日のシミュレーションのような状況は、今後もまだ続く」ということでよろしいのでしょうか。

釈尊　そのようになるかもしれないし、「現代の〝魔女狩《まじょが》り〟」みたいなのが起きる可能性もありますね。

質問者B　〝魔女狩り〟とは?

釈尊　うーん……、「感染した」と聞いたら、即隔離《そくかくり》される。それで、場合によっては、中国などでしたら、本当に埋《う》められてしまう可能性だって、「ない」とは言えませんね。

質問者B　感染したことが分かった瞬間《しゅんかん》に、その人に対して、非常に厳しいスタイルが取られるということですか。

釈尊　そうですね。今、陽性になっても治療《ちりょう》していますし、「医療崩壊《ほうかい》」とか言っていますけれども、陽性が出た段階で、〝ユダヤ人の隔離〟のような状況になる可能性は出てくるかもしれませんね。死者数が一定数を超えれば、それは、もう、あとは、本当は「火葬《かそう》しかない」と思うんですけど。土葬している国は、みな、もっと広がりますので。

そうすると、死ぬ前に、もう手を打ち始めることもあるかもしれませんので、あなたがたの最も見たくないものを見なくてはいけないかもしれませんね。「野球ができない球場のようなところで、大規模な火葬をやる」みたいなことが起きることもないとは言えません。

ただ、〝変数〟は、いつの時代もあるかもしれませんから。

「地上が『ユートピア化』していくなら人口は増えてもよい」

質問者A　一つ確認をさせていただきたいことがございます。先ほどのジョン・レノン様の霊言によりますと、現在、死神が世界中に解き放たれていて、死神と大天使たちの考え方は一致《いっち》していて……。

釈尊　（苦笑）そうですか。

質問者Ａ　ええ。そして、「人口を減らすことが神のお考えであるか」のようにおっしゃっていました（本書第2章参照）。これに関しまして、釈尊はどのようにお考えになるでしょうか。

釈尊　うーん。まあ、私もあんまり、地上の人類が増え続けることは賛成ではありません。やっぱり、地上を縁《えん》として地獄界《じごくかい》はできていますので、地上が「ユートピア化」していくなら、人口は増えてもよいと思うのですけれども、地上が「地獄界化」していくのなら、あんまり望ましいとは言えません。

　ただ、現代のそうした緊急事態宣言下で、不健全なものも、また同時に排除《はいじょ》されようとしてはおりますので。健全なものも排除されていますが、不健全なものも排除されようとしておりますので、昔返りする感じがするかもしれませんけれども、もうちょっと、人間が「狂《くる》ったような状態になっているところ」から、「まともなところ」に戻る機会が与えられれば幸いかなあというふうには思っておりますがね。

　もう、「明日にも明後日《あさって》にも、自分の死が迫《せま》っているかもしれないと思ったときに、人は何をするか」ということですね。

　狂気になって、ほかの人をマシンガンで殺すようなことだってあるかもしれない。そういう、他罰《たばつ》的な方もいるかもしれないけれども、「明日、明後日の命かもしれない」と思えばこそ、やはり、永遠の生命や、神仏への帰依《きえ》の心を起こすこともないとは言えません。

鎌倉《かまくら》時代等も、そういう時代ではあったのではないかと思います。あの時代も、飢饉《ききん》や疫病や外国からの侵略《しんりゃく》の危機があった時代ですけれども、さまざまな仏教勢力が日本では広がりました。まあ、現代でも、姿を変えたかたちで、そうした「救い」や「福音《ふくいん》」を述べようとする人たちが出ても、おかしくはないですよね。

ただ、今の状況から見ると、(新型コロナウィルスが)無神論の国から始まって、キリスト教国でも圧倒《あっとう》的な広がりを見せて、イスラム教国でも広がりを見せているということではありますね。

宗教を説く者にとっても不利なことは、大勢の人が集まることができないということになって、ある意味で、信仰《しんこう》活動の否定にもなっている部分もあるということですね。

だから、さあ、気づきますか。どうですか。分かりませんが、私自身は、地上人口がそんなに増えることを、望ましいこととは思ってはおりません。

3　今が、人類が方向を変える「最後のチャンス」

「人口増大の時代」は、「救世主の力をも弱める時代」でもある

質問者A　二〇二〇年に、このような危機が来ていることの意味について、重ねてお伺《うかが》いしたいと思います。

ある霊人《れいじん》によれば、「ウィルスが広がったのは中国が他国への侵略《しんりゃく》の意図を持って紛争《ふんそう》を起こす直前であった」とか、「二〇二〇年からゴールデン・エイジの幕開けと言われているが、決して、楽々の時代ではなく、苦しみ・悲しみの時代の始まりでもある」ということが言われていました。

釈尊からご覧になった、二〇二〇年から始まる時代の意味について、お教えい

ただけますでしょうか。

釈尊　まあ、「人口増大の時代」というのは、「救世主の力をも弱める時代」ではあるのでね、ええ。それから、悪い意味において、「庶民《しょみん》が神になりたがる時代」でもあるのでね。まあ、その意味での難しさはありましょうね。

世間《せけん》で広まったり流行《はや》ったりするものが、本当に、神仏の光を帯《たい》したものかどうかが分からない時代になっております。だから、過ぎ去ってみれば、俗悪《ぞくあく》なるものがものすごく広がったりするようなことがある。日本中に、世界中にね。本当に大事なものが広がらないこともあるということですね。

まあ、「過ぎてからでないと分からない人々」であるのか。「それが起きたときに分かる人々」であるのか。「起きる前に分かる人々」であるのか。まあ、三種類、人類は存在するのだろうと思いますけれども。まあ……、現時点での見立てとしては、「残念な状態であるかな」と言わざるをえないですね。

人類にはまだ「考える時間」が与《あた》えられている

質問者B　先ほど、ジョン・レノン様の霊言《れいげん》では、やはり、「神様を忘れてしまったからしょうがないじゃないか。だから、仏陀《ぶっだ》に、もう本当に人類を滅尽《めつじん》してもらえ」というようなことをいろいろおっしゃっていました。

釈尊　しませんよ（苦笑）。私は滅尽はしませんけれども。

質問者B　ただ、ジョン・レノン様は、「無神論の快楽主義を許さない」ということをけっこう強くおっしゃっていて、「神の言うことをきかない人類は要《い》らない」ということでした。

また、先ほど釈尊から頂いたご解説、お教えによれば、「人類八十億・総天狗《そうてんぐ》化」が進み、「自分たちが神になりたがる時代」ということで、この世的な生き方になっているということでした。

こうした現象の背景には、やはり、「無神論の快楽主義やこの世的な生き方を許さない」という意図が働いているものなのか。または、そういう人類の悪想念のようなものがあって、自業自得《じごうじとく》というか、その悪想念の結果、引き起こしているのか。

こうした背景にある霊的状況《じょうきょう》はいかがなものかということに対してのお教えを賜《たまわ》れれば幸いに存じます。

釈尊　まあ、それはご想像のとおりであろうとは思いますが。

でも、少しでも、「考える時間が与《あた》えられている」ということは、ありがたいことなのではないでしょうかね。

もし、「直径十キロの隕石《いんせき》が地球にぶつかる」ということが決まっていて、これはもう避《さ》けられないということであれば、あなたがたはそれを待つだけで何をすることもできなくなりますけれどもね。

ただ、このウィルスが広がっている状況においては、「まだ考える時間がある」かもしれませんね。広がっていくときに、「現代文明のもろさ」を感じるのは確実ですから、「違《ちが》ったかたちの文明」を考えなければいけなくなる可能性がある。

まあ、人類サバイバル。「全滅する」とまでは言っている人は少ないので、要するに、サバイバルできるとすれば……。サバイバルした文明は、ちょっと姿形《すがたかたち》の変わったものになるでしょうね、ええ。だから、今、流行っているものとは違うものに必ずなるはずだと思います。

まあ、いろいろあるんですよ。隕石が当たってもそうなるし。うーん……、いろいろなかたちが用意されているというか、考えられていますね。

質問者B　地震《じしん》や海面上昇《じょうしょう》、噴火《ふんか》など……。

釈尊　うん、そういうのもあるし、これ以外の病気だってありえるでしょうしね。それこそ、バッタの繁殖《はんしょく》なんかでも、そうは言っても地球を覆《おお》ったら、やっぱり「終わり」になりますよ。人間も動物もみんな、〝骨〟になります。

なぜ、それが起きるのかは分からないことはあろうと思いますけれどもね。何らかの意図が働いているということは、それはおっしゃるとおりだろうと思います。

ただ、まだ考える時間があり、それを変えさせようとする意志をね、うーん……、まあ、広げる時間があるということは、ありがたいことかなと思います。

質問者B　はぁあ……。

「人間のあるべき姿」を説き、AIが支配する未来と戦え

質問者C　今、無神論の人々も「死に直面して何をつかむか」ということを問われているのかと思うのですが、同時に、キリスト教やイスラム教などの信仰者《しんこうしゃ》も、祈《いの》りや集会等が満足にできない厳しい状況に置かれています。

これまでの宗教の信仰者にとっても、何かをつかまなくてはいけないタイミングになるかと思います。

釈尊は、この既存《きそん》の宗教の信仰者に対しては、何をつかむべきだとお考えなのでしょうか。

釈尊　まあ、ただ一つでしょうね。「人間が最高ではない」ということを知らねばならないという、そのただ一つですよ。

だから、人間の上に「人間に向かうべき方向を示している存在」があるということを受け入れることが大事ですね。

このままだったら、「人間が最高」という考え方から、次は、コンピュータ社会、そして、ＡＩが人間になり代わる「神」になります。このままなら、まもなく、そうなりますから。

先ほど言った、感染《かんせん》の広がりから見て、次はＡＩが判断して、「ここにいる住民をいなくしたほうがいい」とかいうことだって、判断しかねない時代になりますからね。

今、そうしたＡＩを神にする方向に流れている文明を変えようとする潮流が働いているのではないかと、私は思いますがね。

あなたがたがやっている仕事は、「ＡＩができない仕事」ばかりなんですよ、実を言うとね。競争して広がるのは、コンピュータからＡＩの流れのほうが……。世界中をネットワークのように結んで、それを一気に広げることもできれば、汚《お》染《せん》することもできれば、破壊《はかい》することもできる世の中になっていますからね。

日本は後《おく》れているとはいえ、それでも、「出勤を七割減らしてください」とか言えば、交差点を歩いている人数とか、電車を利用している人数とか、そういうものが分かってしまうんでしょう？　即座《そくざ》にね。

だから、すでに〝管理される社会〟に入ってはいるんですよ。

これから先、神仏なき人類の未来は、ＡＩが支配する未来が来るんです。今、このまま何もなければね、ＡＩが「神」になっていますよ。二〇五〇年を越《こ》えたら、たぶんね。その前に始まると思いますけれども。

ただ、それと戦うものが出てこなければいけないんだろうとは思いますので。

特に、人が感染して死んでいくということになりますと、これから、たぶん、このＡＩによる判断で、政治も、行政も、商業も、いろいろなものが動くようになっていくことを意味すると思います。

自宅に籠《こ》もっている人間に代わって、人工知能が、世界の動きのすべてを決めるようになっていくかもしれませんね。ＡＩが配給も決めるようになり、貿易も決め、消費量も決め、というようなことが始まる時代が来るかもしれません。

これに対して、あなたがたは人間性の根本《こんぽん》に立ち戻《もど》って、「人間のあるべき姿」を説く。そして、それは、非常にまどろっこしい姿であって、そう多くの人が同時に聴《き》いてはくれないものでもありましょうね。

ただ、これが「最後の砦《とりで》」ではあるということです。

（ＡＩが支配する）この未来を神仏は肯定《こうてい》していないということですね。

今、人類が気づかなければ、さらなる事態もありえる

質問者Ｂ　では、今回の新型コロナウィルスによるこの状況は、「新文明の選択《せんたく》」を迫《せま》られているような、何か……。

釈尊　だから、この先にあるものはね、大陸陥没《かんぼつ》とか、そういうものも待っているんですよ。

あなたは、これから、まだ、「人がウィルスで（感染症《しょう》に）罹《かか》って肺炎《はいえん》になって死ぬ」という、常識的に考えられる、「普通《ふつう》の死のプロセス」を見ていきますけれども、これでまだ〝気づき〟が与えられない場合は、本当に、大陸の陥没とか、そういうことになって。

丸ごと文明がなくなるような時代も、過去、何度か起きているのでね、ええ。

それは、そんなに悠長《ゆうちょう》なものではないんです。現代の地球物理学が言っているように、「何億年もかかってゆっくりとやっている」ようなことではなくて、けっこう、一万年周期ぐらいで起きていることなんですよ。

例えば、日本という国を、「人類にとって有害であるから滅《ほろ》ぼしたい」と思えば、それは、陥没させることもできるし、もちろん、海面上昇で埋《う》めることもできるし、火山灰で覆うこともできるし、それから、あるいは、こちらに北極を持ってきて、日本を氷の氷原《ひょうげん》で埋めることだってできるし、何でもできるんですよ。方法はね、いくらでもあるんですけれどもね。

ただ、次に待っているのはそういうものです。

だから、病気で、順番に、搬入《はんにゅう》され、治療《ちりょう》され、治療が届かず、死んでいく人がいっぱい出てきますけれども、「その間に、文明のあり方の修正をかけるべきだ。その次は、もっと大規模なものが待っていることになりますよ」ということです。

これは、私だけではなく、ほかの方々も言っていることだし、「過去の文明があった」と何度も言われているけれども、みんなは、それを聞き逃《のが》しているところがあると思うんですよ。「過去に文明があったのに、今、痕跡《こんせき》がない。なぜか」ということですよね。やっぱり、それを知らなくてはいけない。

ですから、これからあとに来るものは、もっと激しいものが来る可能性がある。今が「ゴールデン・エイジ」と言われているのは、「今が人類の方向を変えるチャンス」ということなんですよ。

最後のチャンスが「今」だということです。

質問者Ｂ　はい。

4　なぜウィルスが流行《はや》るのか

ウィルスは「人類全体の象徴《しょうちょう》」

質問者B　私たちは新型コロナウィルスによる「死のプロセス」を目の前にして、それを実感できたり、考え方を変える猶予《ゆうよ》がまだ残されているため、今の状況《じょうきょう》は一見、不幸のように見えるけれども、隕石《いんせき》が突然《とつぜん》落ちてきて一瞬《いっしゅん》にして亡《な》くなるよりは、まだチャンスが残っているということでしょうか。

釈尊　そうです。

だからね、人間は生きているように思っても、ウィルスというものに汚染《おせん》されれたら、病気になって具合が悪くなる。これは理解できる。

だが、「心」あるいは「魂《たましい》」というものが汚染されて、おかしくなって、そして本来の世界に還《かえ》れなくなっているということに対しては、まったく理解もせず、理解を拒絶《きょぜつ》して生きていますからね。そこに間違《まちが》いがありますので、「これを変えたい」と思っているんですよ。

ウィルスは象徴《しょうちょう》ですよ。「人類全体の象徴」です。ウィルスのように地球の表面上を覆《おお》っている、どんどん、どんどん増えてくる人類。幸福の科学が始まったときにはまだ、「地球五十億人」と言っていたのが、今はもう七十億、八十億と来ています。百億だって、もう時間の問題でしょう。二〇五〇年ぐらいまでには、やって来るでしょう。「二〇五〇年までに百億に行って、このままでよろしいのか」というところで、今、大きなクエスチョンがドーンと出ているわけですね。

だから、不幸には段階がいろいろございますけれども、「人を立ち止まらせ、振《ふ》り返らせ、そして、考え直させるための不幸」というのは、それは「善導するための不幸」であるのでね。

人々が多く死んでいく。「生老病死《しょうろうびょうし》」はありますが、疫病《えきびょう》で死に、戦争で死に、食糧《しょくりょう》飢饉《ききん》で死に、公害で死に、いろんなことがあるけれども、それらもみな、仏教的に言うならば、「死の意味」を考えて、人が「死の下《もと》の平等」を生きているということを知って、いずれは必ず自分もそれを受け入れなければいけないときが来る。そのときの早い遅《おそ》いだけの差である。

ならば、「この世の意味とは何であるか」ということをね、この簡単な悟《さと》りを受け入れるか、受け入れないか。そして、簡単な「生命の原理の悟り」を受け入れて、さらに、「人類を率《ひき》いている者への信仰《しんこう》が立ち上がるかどうか」。これにかかっていると思うんですよ。

だから、ウィルスが広がる以上の速度で、こういう思想が広がることができれば、世界は変わることになるし、可能性はみんな持っています。

しかし、マスコミも、それから各人が持っているような小さなメディアも世界中を駆《か》け巡《めぐ》るが、残念ながら、こうした真実のことを伝えるかたちでは広がってはいない。唯物論《ゆいぶつろん》的なものばかりを追いかけ続けているということですよね。

まあ、ゴールデン・エイジが本当のゴールデンかどうか、これは、あなたがたの「縁起《えんぎ》の理法《りほう》」にかかっているので。「あなたがたが、どういう原因行為《こうい》をつくって、そして、それがどういう結果を生むか」ということ、これにかかっているということ。

幸福の科学は、もはや三十年以上、活動してきた。ただ、日本社会も、これを諸宗教の一つに封《ふう》じ込《こ》めようということで〝頑張《がんば》り〟続けてきた。救世のためにやっていることを、名誉心《めいよしん》や権力欲、地位欲、物質欲、金銭欲のためにやっているものだと誤解して、嘲笑《あざわら》ってきた。その〝ツケ〟は払《はら》わなければならなくなるだろうということですね。

日本自体が「世界を救うほどの力」を持ちうるかどうか

質問者B　先ほど、釈尊は、「〝変数〟のようなものがあれば、状況は少し変わるかもしれない」とおっしゃいました。

また、真実に目覚め、仏法真理《ぶっぽうしんり》や光、神仏の存在など、そうしたものへの信仰を人類が持ったならば、地球の未来は変わる可能性があるということで、R・A・ゴールという宇宙存在の方からもご指導を頂きました。「悪想念や悪いウィルスに対しては、信仰心を持つと『信仰免疫《めんえき》』『信仰ワクチン』のようなものができて、死に至ることはない」ということもご示唆《しさ》を頂いています。

私たちが、今、唯物論的な価値観が広がっている現代社会のなかで、「信仰ワクチン」を持っていくために、その気づきを得るためのポイントというものは何かありますでしょうか。

釈尊　とにかく、世界を見れば、西側諸国といわれるところはキリスト教の強国がほとんど。それから一方の極では、中国を中心とする無神論・唯物論の大国が増殖《ぞうしょく》している。あと、中間地帯で、イスラム教を信じる人たちがゲリラを起こしたりしながら、その位置づけをどうされるべきか、問題視されていると。まあ、こういうことですね。

日本はこのまま放置すれば、世界三位から世界二十何位の国まで、あっという間に転落していく予想がもう立っていますよね。

こういうことであれば、日本から発信したるものが世界中を席巻《せっけん》するということは、おそらくないであろうと思われます。どちらかにつくしかない状況に、たぶんなる。だから、いいとこ取りだけして生き残ろうとしているんでしょうけどね。

まあ、日本自体が「世界を救うほどの力」を持ちうるか、あるいは、日本から出てきたもののなかで、少なくとも世界に改心を与《あた》えるようなものが広がりうるかどうか。こうしたところに、まだチャンスは残ってはいる。それが、どの程度の成功を収めようが収めまいが、「未来の社会」は、その流れのなかから広がっていくであろうとは思っています。

疫病《えきびょう》流行の原因となる「異文化接触《せっしょく》」

質問者B　日本の歴史、信仰の深さという面では、記紀《きき》にも記《しる》されていますように、日本神道《しんとう》系が二千七百年前からあると言われております。

過日、国之常立神《くにのとこたちのかみ》という方が、どうしても話したいということで、何回か大川隆法総裁に交渉《こうしょう》されました。日本の神々のうちの一部ですけれども、語るところによれば、「外国の神は要《い》らない。外国の神が来たから、こういうウィルスが流《は》行《や》ったのだ」ということを主張していました。

日本から発信したもので大きなプラスを生みたいとは願うのですが、一方で、古来の神格を持った方が、一部、自《みずか》らの自我や評価のために、そうした外来の神をすべて否定し、「エル・カンターレ信仰が広がったから、ウィルスが流行ったのだ」というようなことを言っているところがあります。

釈尊から見られて、霊界《れいかい》の「裏側の世界」と通じるような神仏の一部が、日本の先進性やこれからの未来をどのように阻害《そがい》しているのか、そのあたりの霊界事情といいますか、国之常立神の主張に対する判定というものがありましたら、教えを賜《たまわ》れればと存じます。

釈尊　まあ、この世的には、それは当たっていることもあるとは思いますよ。仏教が伝来したころは、外国からは文物《ぶんぶつ》が入り、人が来ていた時代ですよね。日本では未知の病原体も同時に入ってきていますから、そのときに。だから、日本人が免疫《めんえき》を持っていない病気も流行りました。疫病とかが、かなり流行っています。

聖徳太子《しょうとくたいし》が活躍《かつやく》されたころも疫病がいっぱい流行っているから、それで、「これは仏教を入れたからだ」というようなことで、反対勢力が日本神道側から出てきていますが。現実に、それは仏像だけでなくて、外国の人や食べ物やいろんなものが入ってくるときに、ウィルスはやっぱり入ってきていて、病気が流行っていることはあります。そういうことは起きていますね。

それから、明治に入る前も、ペリーが来てからあと、外国人が来ることで日本が洋風化して、外国人が江戸《えど》の、東京の土地を踏《ふ》むことによって、コレラがすごく流行りましたよね。明治から大正を貫《つらぬ》いてコレラが流行った。これは、外国人が来たせいですよね。だから、「キリスト教と共にコレラが入ってきた」というふうに見ています。

そうした「異文化接触《せっしょく》」によって、いいものもあるが悪いものも入ってくることはございますね。

今回も、世界が今、貿易と交通によってつながっているために、中国発のコロナウィルスが世界の果てまで広がっているわけですから。コロナウィルスが、アルゼンチンやニュージーランドやノルウェーにまで広がることは、昔であればちょっと考えられないことですけど、「現代」だからこそ起きていることですよね。こういうことがあるので。

まあ、この世的には一部、それは当たっているものはあると思います。だから、孤立《こりつ》した島国であれば入ってこなかったものが、他の新しいものが入ってくることによって、汚染されたり、流行り病《やまい》が起きたりしていることは、現実にはあっただろうと思います。

それを解釈《かいしゃく》するに、古代の解釈から見れば、「異国の神を信じたからだ」ということになりますが、それは「異人が入ってきたからだ」ということですね。「異国の民《たみ》が入ってきて、その文物が入ったからだ」ということになることは、そうだろうとは思いますね。

もし、中国との関係が遣唐使《けんとうし》船ぐらいしかない時代であるなら、遣唐使船をやめてしまえば、中国のウィルスはもう入ってこないでしょうね。まったく入ってこないでしょうね。

仏法真理《ぶっぽうしんり》の「広がり」と「速さ」を増し、「トレンド」にできるかどうか

釈尊　ところが、今はそれが止まらないで、航空機を利用していっぱい入ってきた。そして、日本を経由して世界にも広がった。こういうことがあるわけで。

世界が一つになったがゆえに、こうした〝感染力の強いもの〟にとっては、

「世界を絶滅《ぜつめつ》させる力」が出てきてしまったわけで。一島国や一小さな特殊《とくしゅ》な民族の持っている病気でも、世界に流行ってしまうことはあるということですね。

コロンブスが西インド諸島といわれるアメリカ、カリブ海の島で性病を持って帰ったら、百年以内には世界中にそれが広がったというようなこともありましたけれども、昔は百年で広がったことが、今は〝一年以内に広がる時代〟になっているということですね。

ただ、悪いものも広がるなら、いいものも広がらなければいけないんですよ。その「いいものも広がらなきゃいけない」ということを、トレンドにすることができるかどうか」ということだと思うんです。同じですから、考え方は同じなんで。

だから、仏弟子《ぶつでし》たちの戦いも、そういうことですね。ウィルスの広がりも「スプレッド」という言葉を使っています。あなたがたも、「仏法真理《ぶっぽうしんり》をスプレッドしよう」と言っています。

向こうのスプレッドの速度は速い。しかし、あなたがたのは、そこまで行っていない。本を出しても、講演会をしても、あるいは映画をつくっても、音楽をつくっても、それだけの広がりはなかなか起きないでいる。まあ、この戦いでしょうね。

日蓮聖人《にちれんしょうにん》のように、石を投げられつつも言い続けるような、そうした気持ちを持たなければならない面もあると同時に、「現代的に、外敵に太刀《たち》打ちできるだけの『速さ』と『広がり』を持っているかどうか」も考えなければいけないということですね。

5　今、何をなすべきか

後世の視点から「今、何をなすべきか」を考えよ

質問者C　今、幸福の科学に集《つど》っている人たちの活動は、今後の未来、文明の帰《き》趨《すう》を決めるといったご示唆《しさ》を頂きました。教えの広がりを進めるべく、いっそうの発心《ほっしん》が必要かと思います。

やはり、幸福の科学に集っている仏弟子《ぶつでし》が、ある意味、「人類の未来を背負っている」といった誇《ほこ》りを持ちながら、救世事業に当たっていくべきかと思うのですが、そのなかで、「どのような正念《しょうねん》を固めていくか」ということにつきまして、釈尊からご教示を賜《たまわ》れましたら幸いでございます。

釈尊　うーん、うーん。まあ、全体には、会社的な動き方はしているようには見えますね。そうであれば、会社の規模によって、仕事の影響力《えいきょうりょく》が決まりますので。もっともっと大きな規模の会社は、日本にも世界にもたくさんありますからね。その大きな会社一つの力にも届かないということになりますので、「会社的なかたちだけでない、宗教的な意味での広がり」というものをつくり出さなければいけないでしょうね。

だから、「世界全部を、幸福の科学が雇《やと》う〝公務員〟にして、世界を動かすみたいなところまで行かないかぎり、教えが広がらない」というのでは、これは、とうてい行かないものになりましょうね。

で、今は、首相だとか都知事だとか、ああいう方々が緊急《きんきゅう》事態宣言を出せば、「出勤しないでください。家にいてください。買い物は余分なものは買わないでください」とか言うと、まあ、〝戦時下〟のような状態で、ある程度、それは浸《しん》透《とう》しつつありますけれども、残念ながら、神仏の言葉は、そういうかたちでは十分には広がってはいないように思いますね。

象徴《しょうちょう》的なものは、もちろん、海外伝道も難しく、国内伝道も難しく、また、政治活動も難しい。あるいは、マスコミは唯物論《ゆいぶつろん》の〝共産主義ウィルス〟に侵《おか》されたものが強いということもありますね。

だから、それが戦いにはなるわけですけれども。うーん、まあ、弟子たちの一人ひとりが、残念ながら、弱いことは弱いのかなあというふうには思っておりますす。弟子たちも、やっぱり、〝染まって〟はいるんじゃないでしょうかね。現代の「教育」や「文化」にね。

ですから、弟子たちも、本当に多くの人たちが病《やまい》に罹《かか》り、死んでいき、どうしようもない絶望のなかを生きている人がたくさん出てこなければ、自分たちの使命が分からないレベルなんじゃないでしょうかね。自分たちで立てた小さな目標の達成だけを追い続けているように見えますので。あなたがた自身が、すでにもう、現代文明のなかに、流砂のなかに、足を取られているような状態にはなっているだろうと思いますよ。

まあ、後世の視点からよく考えて、「今、何をなすべきか」をお考えください。それが大事なことであるし。

日本だって、民主主義的に投票したら、「あの世はあると思いますか、ないと思いますか」と国民投票したら、「ない」ほうが多くなるんじゃないですか。そうすれば、日本的民主主義は、神仏を否定することもできるでしょう。あの世も否定できる。霊《れい》も否定できる。喜ぶのは地獄《じごく》の悪魔《あくま》たちです。「あの世はない。この世だけが自由になればよい」という考え方を広げることができますので。この世的価値観が、あの世的価値観と一体になって喜ぶというのは、悪魔のほうもありますのでね。

まあ、一見、不幸が流行《はや》っているようには見えるけれども、こういうときに、やはり、「心霊的価値観を逆転して広げる、それだけの活動ができるかどうか」を試《ため》されていると思います。

コロナ感染《かんせん》流行の原因の一つは「人類の自己処罰《しょばつ》」

質問者A　先ほど、Bさんのほうから、国之常立神《くにのとこたちのかみ》の話が出ました。その主張の一つとして、現代の無神論・唯物論的世界に対して憤《いきどお》っていて、「神への信仰《しんこう》が必要だ」と。そして、それは、「日本古来の神への信仰なのだ」というものでした。おそらく、キリスト教やイスラム教などの世界宗教でも、「既存《きそん》の神への信仰」の必要性を説くのではないかと思います。

そこで、私たちは、●エル・カンターレ信仰を世界に広げていきたいと考えてい

●エル・カンターレ　地球系霊団の至高神。地球神として地球の創世より人類を導いてきた存在であるとともに、宇宙の創世にもかかわるとされる。現代日本に大川隆法総裁として下生《げしょう》している。『太陽の法』『信仰の法』（共に幸福の科学出版刊）等参照。

るわけなのですけれども、改めまして、釈尊から、未来に必要となる信仰について、何かお言葉を賜れれば幸いでございます。

釈尊　（約五秒間の沈黙《ちんもく》）ある意味で、会社仕事をやめさせ、学校に行かせないようにして、「何もすることがない状態」に、今なっていますからね。

まあ、そういう閑暇《かんか》といいますか、心の余白ができなければ、そういうことを考えてみる機会もない方も多かったかもしれませんね。学校の勉強で頭をいっぱいにして、いいところに進めば、就職もよくて、この世も万歳《ばんざい》で終わりという考え方。あるいは、会社のなかで偉《えら》くなればいいという考え方。お金が入ればいいという考え方。まあ、いっぱいあると思うんですけれども。

悪いことを見れば悪いことがいっぱいございますが、いいことを見れば、今、考える余地は出てきていると思いますよ。

　だから、天罰《てんばつ》だという考えもありますけれども。まあ、それも、ある程度そうだとは思いますが、「天罰」以前にですね、「人類の自己処罰」なんですよね。「自分自身を偽《いつわ》っている、自分自身を裏切っていること」に対する反作用は起きてくるだろうと思うんですよ。

　まあ、もし、それが分からないなら、いったん、「原始生活」と言ったらきつすぎるかもしれませんけれども、〝敗戦後の生活〟みたいなところから、もう一回やり直す考え方もあってもいいかもしれませんね。

　キリスト教国だって、これから、もし、言われているような大規模な感染《かんせん》と大量の死者を出して、戦争をはるかに超《こ》えた規模まで死者を出すなら、やっぱり、信仰に対する揺《ゆ》さぶりが来ると思いますよね。

　イスラム教国も、要するに、アッラーに祈《いの》るためにドームに集まれば、そこで感染するっていうのでは、まったく神の力はなきに等しいですね。

だから、現在の戦いは、「唯物論に、完全に、神仏への信仰が屈服《くっぷく》するのかどうか」っていう問題でもあろうと思うし。

病院が〝神社〟となり、医者が〝神〟となっている現状ですよね。この新しい〝神社仏閣《ぶっかく》としての病院〟や、あるいは〝神職《しんしょく》・僧職《そうしょく》としての医者〟に限界が出ようとしてきているわけですね。おそらく、次の時代、宇宙時代が始まっても、宇宙から未知なるものがまた入ってきて、同じようなことは起きると思いますけどね。

まあ、あなたがたが、今、見せつけるべきことは「信仰の力」でしょうね。

「信仰」で何ができるのか。

「信仰の力」が、いったい何を証明するのか。「神仏を信じる」ということはどういうことなのか。

「本来の自己」に気づいたときに、人間にはどんな可能性が出てくるのか。

与《あた》えられた命は、百年を超えるものでないのがほとんどでしょう。あるいは、こうした病気が流行れば、年齢《ねんれい》は、もはや読めない状況《じょうきょう》にだってなるでしょう。

「本当の神」に祈《いの》れば、「本当の神」とは何かが見えてくる

釈尊　ただね、例えば先日、緊急入院して、ＩＣＵに入っていたイギリスのジョンソン首相は魂《たましい》が抜《ぬ》け出して、大川隆法氏のところに救いを求めに来て、短時間ですが光を与えられて帰って、今、退院、リハビリしていますよね。だから、神に祈《いの》ったら、こっちに来てしまう。あれは、守護霊《しゅごれい》ではなくて本人の霊でしょう、たぶん。肉体から抜け出して来たと思う。そして、治癒《ちゆ》に向かっていますよね。「本当の神」に祈れば、「本当の神」とは何かが見えてくることもある。

本来ならば、もうすぐ旅立って、イギリスの人たちに福音《ふくいん》を広めるはずだった

●イギリスのジョンソン首相は……　2020年４月10日収録の霊言「ヨーロッパの苦悩と中国の恐るべき陰謀―ボリス・ジョンソン首相とメルケル首相の本心に迫る―」（幸福の科学の支部、拠点、布教所、精舎《しょうじゃ》で公開）参照。

ときに、それが行けない状況になっていますね。イギリスで「三人以上集まったら罰金」とか言ってるようなときに、講演会ができるわけがありませんね。

まあ、人為的《じんい》にはそういうことであるけれども、その国のトップは、神に対する信仰を強く持っていたら、突《つ》き抜けて、エル・カンターレのところまで来ているということですね。

ドイツのメルケル首相もキリスト教ですけれども、やはり、神に祈っているはずで、だから、エル・カンターレのところに来ていましたね。

最後は、キリスト教の神を超えたもの、イエスを神とするのではなく、その上にある神に気づくか。ムハンマドが認識した神を超えた存在まで到達《とうたつ》するか。宗教も、そうした戦いが起きます。

日本にもお寺はいっぱいあります。神社もあります。神社仏閣で祀《まつ》られている「本尊《ほんぞん》」と、「それを超えたもの」、まあ、ここまで行くかどうかですね。

●イギリスの人たちに……　2020年春に、イギリス・ロンドンでの講演会を予定していたが、新型コロナウィルス感染拡大によって、イギリス政府より外出禁止、集会禁止の指示が出され、中止となった。

「自分自身を知らない」という罪を知れ

釈尊　もし、日本の大学教育で、神社仏閣の管理をしている者たちが唯物論教育で教わっているならば、何の霊験《れいげん》もないでしょう。ただ、「これではいけない」と思ったならば、それを超えた祈りを始めるでしょうね。チャンスはあります。だから、「そういう考え方がある」ということを教えることは大事なのではないでしょうかね。

根本的に、「天罰」という考えもあるけれども、「自己処罰」でもあるのです。「自分自身を知らない」ということは罪ですよ。「自分自身が、肉体は頂いているけれども、肉体のなかに魂が宿って修行《しゅぎょう》していることを知らない。車はあるけれども、運転手があることを知らない」というのは罪なことですよ。自動運転で運転されていると思っているのかもしれないけど、運転手はいるんです。

「自分自身を見失う」ということは、やっぱり罪ですよ。これを知らなければいけないと思います。

「自己の発見」が「神仏の発見」につながるのです。

質問者B 「自己の発見をどれだけできるかが、各人の心の課題であるし、また、人類が『次なる文明』に行く道筋《みちすじ》でもあり、救いの道でもある」ということで理解してよろしいでしょうか。

釈尊 「絶望の時代」は、同時に「宗教の飛躍《ひやく》の時代」でもあります。

別に、不幸を〝獲物《えもの》〟としてやっているわけではありませんが、人間がつくり出した知恵《ちえ》で越《こ》えられないハードルが出てきたならば、「人間の知恵以上のものを求めなさい」と言うことも大事だということですね。

6 「今後の国際情勢」と「日本の使命」

東日本大震災《だいしんさい》が民主党政権を倒《たお》した

質問者Ａ　世界の他の国々にも参考になるのではないかと思いますので、重ねてお伺《うかが》いしたいのですが、日本では、二〇一一年に「東日本大震災《だいしんさい》」がございました。これは、当時の民主党政権下の政治の乱れなどの原因があったかと思いますが、地震と津波《つなみ》によって、二万人近くの方が亡《な》くなりました。

ただ、その結果として、信仰《しんこう》に目覚めた人たちがたくさん出た、とは言えず、なかなか価値観が変わるところまでは行っていないと思います。

そこで、多数の犠牲者《ぎせいしゃ》が出るような大きな不幸をどのように受け止めて、神仏への信仰を広げていけばよいのでしょうか。あるいは、価値観を変えていけばよいのでしょうか。

このあたりに関しまして、日本の一つの災害を教訓に、何かアドバイスを賜《たまわ》れれば幸いでございます。

釈尊　東日本大震災に関しましては、結局は、あれが民主党政権を倒《たお》したことになるのではないでしょうかね。あれ以降、支持率はだんだんに落ちて、回復しなくなりました。やっぱり、みんな、「統治能力がない」というふうに考え、神仏のご加護《かご》がないことを感じたとは思います。

それは、心なきマスコミでも、そのように感じてきていたでしょう。もし、あのまま民主党政権で成功が続いていたならば、おそらく、中国との歩み寄りはもっと近いものになって、中国が台湾《たいわん》を狙《ねら》うようなかたちで、日本を狙ってくることになっていたと思います。

日本は中国とは独立した「政治経済・外交体制」を持つべき

釈尊　あれで「第一次の引き離《はな》し」があって、今回のコロナウィルスで「第二次引き離し」が起きようとしていると思います。ですから、「中国に依存《いぞん》しすぎない経済でなければいけないこと」を、今回は示したと思いますね。

さらに、日本はまだ自覚はしていないけれども、（当初）中国から日本に入るのをブロックしなかったために、湖北省《こほくしょう》からの渡航者《とこうしゃ》だけをチェックして、それ以外を見逃《みのが》したために、日本経由で世界各地に逃《に》げた中国人がたくさんいて、それで感染《かんせん》が世界に広がりました。

ですから、日本の感染者がまだ少ないかもしれないけど、それは「日本をトランジット（通過）しただけで諸外国に行ったために、そちらで増えた」ということとですね。そういう意味では、世界に、今、二百万人近い感染者が出ていますけれども、「日本の責任も、そうとうな部分あるんだ」ということは知らなければいけないでしょう。

そのようなわけで、二つの事件を見たときに、日本は、中国に対して完全に遮《しゃ》断《だん》はできないかもしれないけれども、独立した「政治経済・外交体制」は持っていなければいけないと言えます。

なぜならば、かの国はかつてのような仏教大国でもなく、無神論・唯物論《ゆいぶつろん》の国であるから、「神を信じる国である日本」であるならば、一定の距離《きょり》は取らなければならないからです。「そういう神示《しんじ》だ」と考えるべきだと私は思います。

世界にウィルス感染《かんせん》を起こした中国には、反作用が起きる

質問者A　もう一つお伺いいたします。中国は、自国発の世界的危機が生じてい

るときにもかかわらず、また軍事活動を展開しています。「経済」と併《あわ》せて、「軍事」面についても何かアドバイスはございますでしょうか。

釈尊　「コロナウィルスの問題は、中国が峠《とうげ》を越《こ》えて鎮静《ちんせい》化する」と見ているのだと思いますが、もう、われわれの世界では、次に中国を襲《おそ》うものが現れることを予知しておりますので。そんなに簡単に、原因行為《こうい》である世界ウィルス感染《かんせん》を起こした国が世界の支配者にのし上がれるような、「縁起《えんぎ》の理法《りほう》」に反したことは絶対に起きません。ですから、「それだけの反作用は起きる」と信じてよろしいと思います。

したがって、そういうことは別にして、「正しい道」を歩むことが大事です。われわれは、「中国は、これから大きな被害《ひがい》を受けることになる。まだ第二次、第三次の被害が出る」と考えていますが、これを通して、かの唯物論・無神論の中心、地球の中心的な大国の中国を、もっと「神仏の心を心とした国」に、完全に改造することを目指しています。

ですから、今が「ゴールデン・エイジ」だと言っているのです。

コロナウィルス感染をめぐる米中戦争の可能性をどう見るか

質問者B　世界各国からの査察等で、もし、「中国の生物兵器を原因としてウィルス感染が起きた」ということが判明した場合、エドガー・ケイシー霊いわく、「アメリカが中国に戦争を起こす可能性がある」というように言っていました。「中国が、このウィルス感染を引き起こした国だった」ということが分かったあとの世界には、どのような展開があるのでしょうか。

釈尊　アメリカの航空機が、イラク人……、まあ、イラクではなく、本当はサウジアラビアではあったけれども、イスラムのテロリストに洗脳された、サウジアラビア国籍《こくせき》などの人に乗っ取られて、ワン・ワールドトレードセンターやペンタゴンに突《つ》っ込《こ》んで、三千人余りの死者を出しました。これが「9・11」といわれる事件ですが、そのあと、アメリカは二年後に、イラクを滅《ほろ》ぼすところまでやりました。三千人の国民が殺されたためです。

ただ、犯人はアメリカと友好関係にあったサウジアラビア国籍などの人ですけれども、要するに、「イスラム原理主義に洗脳された、その洗脳力によって、彼らが原因行為を起こした」と見ているために、イラクを攻《せ》め落とすところまでやりました。それが「アメリカ気質」ですね。

今は、二万人ぐらいの死者、二万人超《ご》えの死者を出していますけれども、もし、これからもっと増えていく予想であるならば、何十万人、何百万人のアメリカ人が死に、その原因が、言われているとおりに「中国武漢《ぶかん》のウィルス研究所のウィルス兵器が原因であった」ということを……。まあ、ほぼ突き止めつつはあるように思いますが、立証の問題がこれからですから。

「ＷＨＯ（世界保健機関）が中国寄りなので、ＷＨＯに資金は出さない」というようなことをトランプ大統領は言っていますので、ＷＨＯを外して証明に入ると思いますが。

まあ、「数万以上のアメリカ人がウィルス兵器によって殺された」ということが立証できれば、あるいは重大な証拠《しょうこ》を握《にぎ》ることができれば、そのまま放置しておくとは、とうてい考えることはできませんので、中国には大変な〝ミサイルの嵐《あらし》〟が吹《ふ》き荒《あ》れることになるでしょうね。

日本は「自衛できる国防体制」をつくるべき

質問者Ｃ　アメリカと中国の話になりますと、どうしても日本は、隣国《りんごく》であるにもかかわらず、ずっと座している状況《じょうきょう》です。本当は、日本にも、アジアの自由を護《まも》る大国としての使命があるかと思うのですが、釈尊は、本来の「日本の使命」について、どのように見ておられるのでしょうか。

釈尊　うーん……。（中国が）少なくとも、侵略《しんりゃく》的意図を持っているのは明らかなので。そうした侵略的意図を持っているものに対しては、外交において相互《そうご》の平和を護ることができないならば、やはり、「甘《あま》んじて滅びるか」、さもなければ「自衛できるところまで国の体制をつくるか」、どちらかしかないと思っております。

そうした「軍事力を拡大して、ちゃんと自衛できるようにする」という考えは、日本では佐久間象山《さくましょうざん》などが持っていた思想でありますけどね。まあ、幸福実現党も、この十年余り、そういう考え方を述べているようですから、応援《おうえん》している霊《れい》系団《けいだん》の方々は、そうした考えであるのでしょう。「一方的に占領《せんりょう》したり、滅ぼしたりするようなことは許さない」という考え方なのだろうと思います。

もう一つの考えは、かつての日本をそうしたように、中国を武装解除までしてしまえる力があれば、もちろん、それは大したものだとは思いますが、そう簡単には呑《の》まないでしょう。それは、おそらく、清国《しんこく》のときのように、また諸外国に分割《ぶんかつ》されるような国になることを、彼らにとっても意味しているでしょうからね。

軍事的には縮小していただく必要はあるとは思いますが、日本も応分の国防力は持つべきだし、日米同盟が切れれば、そして、「国防ができない」というような状態では、（日本を）護れないことになることはありえるでしょう。

それらは幸福実現党が立党したときの趣旨《しゅし》ですので、それを全《まっと》うできるかできないか、今、十一年目になって、政党としての存亡が……。周りから見たら、損得勘定《かんじょう》で見て「損をしている」と思われている政党であるので、その存在根拠を世に示して、意見をキチッと発信することが大事なのではないかと思います。

日本が「世界の宗教対立に意見を言えるための条件」とは

質問者B　今、「アメリカと中国」について、また、「日本の使命」についての話が出てまいりましたが、今後、私たちが世界の未来を見ていく上で、どうしても外せない、もう一つの大きなファクター（要素）としましては、「中東」のところがあるのかなと思います。

昨今、大川隆法総裁先生の下《もと》には、救いを求めて、さまざまな首相等、国家首脳・元首（の本人の霊、もしくは守護霊《しゅごれい》）が救いを求めてやって来ています。

先ほどもご紹介《しょうかい》がありました、英国のジョンソン首相本人の霊や、ドイツのメルケル首相、あるいは、日本では安倍《あべ》首相の守護霊も、救いを求めて来ております（収録当時）。

また、もうお一方《ひとかた》、イランのハメネイ師守護霊も、大川隆法総裁の下に救いを求めて来られましたが、イスラム教におきましては、現在、世界に十数億人の信者がいて、キリスト教徒の数にも迫る勢いです。

そこで、イスラム教徒のみなさまに対しまして、何か指針等がございましたらお願いいたします。

釈尊　これも大きな問題だと思いますよ。イスラム教とキリスト教がね、犬猿《けんえん》の仲になって、十字軍以来、決着がついていない。ところが、キリスト教は二十億人前後ともいい、イスラム教は十数億人ともいって〝拮抗《きっこう》〟していこうとしており、やがてイスラム教の人口のほうが増えるだろうとは言われています。

そのように、国のＧＤＰ（国内総生産）が入れ替《か》わるのと同じように、「イスラム教の人口のほうが増える」というときに、キリスト教国は、たぶん黙《だま》っててはいられないでしょうね。

ですから、逆に、イスラム教の国が豊かになり、軍事強国になったときに、キリスト教圏《けん》もまた滅ぼされる可能性も出てくるし、その前哨戦《ぜんしょう》としては、「『旧約《きゅうやく》聖書《せいしょ》』の国、イスラエルが滅ぼされるかどうか」という問題も、たぶん出てくるでしょう。まあ、世界はどこも、そういう意味での〝火薬庫〟であるのは間違《まちが》いがありません。

ただ、あなたがたから出ているものとしては、「イスラム教もキリスト教も、幸福の科学における根本神《こんぽんしん》（主エル・カンターレ）とつながっているものであって、その形態は違っても、相互理解すべきである」という意見を発信しておりますね。これが通じるかどうかは、まだ分からないところがございます。

ですから、先ほど言いましたように、「日米同盟」を中心にやってはおりますけれども、もし、日本がイスラム圏のほうに味方することによって、日米同盟が切れるようなことがあった場合、それは、日本に対しては非常に不安定な状況が起きますよね。

そういう意味で、「ある意味での自主国防体制はつくっておいたほうがいい」ということは言っていますね。

だから、アメリカは、ヨーロッパの遺伝子を引き継《つ》いで、「十字軍戦争」？アメリカが起こした〝十字軍戦争〟はまだありませんので。まあ、「イラク戦争」をそう捉《とら》えればそうなりますし、「湾岸戦争」もそうは言えますけれども、本気でイスラム教を滅ぼそうとする大統領も出てくるかもしれませんね。

そういうようなときに意見が言える日本というのは、やはり、インディペンデント（独立した状態）である日本でなければならないと思っています。どこの国にも「いい顔」はできないこともあるかもしれませんね。

まあ、少なくとも、そうした、キリスト教圏からも、イスラム教圏からも救いを求めてきているし、台湾とか、香港《ホンコン》とか、あるいは、おそらくはマレーシア、シンガポール等もそうだろうと思いますが、そうした中華《ちゅうか》圏でも、日本に救いを求めるところも出てくると思うので、やはり、それだけの「求心力」と「判断力」と「行動力」を持たなくてはならないのではないかと、私は思っています。

7 世界宗教の「霊的《れいてき》背景」と「問題点」

イスラム教成立の根本《こんぽん》にある「エローヒム」と「ヘルメス」の指導

質問者B　あと一つ、ぜひお伺《うかが》いしたい点がございます。

●四月十二日、大川隆法総裁のもとに来られたハメネイ師の守護霊《しゅごれい》は、「アッラーのお気持ちが分からない。どう思っているのだろうか」といったことを問われました。そこで、「アッラーの霊言《れいげん》」も収録されたという経緯《けいい》がございます。

アッラーの霊存在をお呼びしたところ、驚《おどろ》くべきことに、四千三百年前にギリシャに生まれられた、エル・カンターレの魂《たましい》のご分身《ぶんしん》の一人であるヘルメス神が現れ、やはり、アッラーはヘルメス神とつながっているということでした。

●四月十二日……　「イランの選択とアッラーの本心―ハメネイ師の守護霊霊言・アッラーの霊言―」(幸福の科学の支部、拠点、精舎で公開)参照。

この点につきまして、釈尊の目から見て、何かコメント等ございましたら、ご示唆《しさ》、ご教示賜《たまわ》れればと思います。

釈尊　まあ、キリスト教はローマ帝国《ていこく》に引き継《つ》がれて、「繁栄《はんえい》」は見せてはおりましたけれども、「陰《かげ》り」も見えていた時代に、イスラム教が起きたということですよね。

大ローマ帝国が陰りを見せて「終わり」が近づいてきているときに、「次の文明」を起こそうとして起きたのが、イスラム教であろうかと思います。

その時点では、ヨーロッパのほうのキリスト教文明は、ローマ以外では大したところはなかったし、ローマ文明は、ギリシャ文明を滅《ほろ》ぼしています。ギリシャ文明を滅ぼしてローマ文明ができていますね。

そして、「イスラム文明」は、中世ではかなりの強い力を持っていたと思う。

こちらも、千年以上強い力を持っていて。

近年、特にイギリス、アメリカが近代化、産業化に成功してから、再度、強国になったことと、プロテスタントのキリスト教が強くなってきたことにより、「盛り返しがまた起きてきた」ということではありますが。

そういう意味で、ギリシャの神々が滅びたあと、「ヘルメスが、イスラム教国において、ムハンマドがメッカの勢力と戦うときに指導していた」ということは事実です。

それ以前は、（ヘルメスは）ギリシャにおいて、ヨーロッパの統一をやっていた者ですね。ローマに滅ぼされ、ローマが傾《かたむ》いて、今度は中東のほうに足場を置いて、「新しい教え」を説き始めた。

中東においては〝古い宗教〟が滅びてきていて、「マニ教」が「キリスト教」の拡大と同時に……。実際に滅ぼされたのは「ゾロアスター教」によって滅ぼされてはいるけれども。ゾロアスター教はもう、とっても小さなものに現在はなっていますし、キリスト教に勝てなくなって、一つの使命を持ったマニ教というのも起こしたんだけれども、これも敗れた。

マニ教は、三世紀に、一時期、世界宗教になるほどの広がりを見せているんですけれども、それを起こした理由は、実は、紀元一世紀にイエスを送ったのに、イエスがイスラエルで処刑《しょけい》されて、十字架《じゅうじか》に架かって、キリスト教はローマ帝国から弾圧《だんあつ》されて、クリスチャンたちはみんな、ライオンの餌《えさ》にされたり、逆《さか》さ十字に架けられたり、石打ちの刑にされたりして。三百年以上、そういう状態が続いておりましたので、マニを送ってマニ教をつくらせようとしたけれども、このマニ教も滅ぼされた。

それで、次に、ムハンマドらを中心としてイスラム教を起こした。

イスラム教におけるアッラーの指導というのは、まあ、あなたがたはそれほど細《こま》かくは勉強なされてはいないとは思うけれども、アッラーの霊言のなかには、「ムハンマドがメッカの勢力と戦うための細かい戦闘《せんとう》の指示、戦い方」まで出ています。ここまでできる人は、ヘルメス以外にはありません。

ですから、現実的な指導はヘルメスがやっていて、大きなかたちでの「エローヒム」●という部分が、中東を大きな慈悲《じひ》の光でもり立てていたのではないかと思われます。

今は「第三の勢力」が伸《の》びてこなければいけない時代

質問者B　霊的な指導においては、エローヒムを柱とされ、ヘルメス神が具体的な指導をされていた、と。イスラム文明は、特に「商業」と「軍事」が強かったというようにありますけれども、そうした文明の興隆《こうりゅう》、世界計画というものを、エル・カンターレのお心のなかで取られていたと理解してよろしいでしょうか。

●**エローヒム**　地球系霊団の至高神であるエル・カンターレの本体意識の１つ。約１億５千万年前、今の中東に近い地域に下生し、「光と闇の違い」「善悪の違い」を中心に、智慧を示す教えを説いた。イスラム教の最高神・アッラーと同一の存在。『エローヒムの降臨』『信仰の法』（共に幸福の科学出版刊）等参照。

釈尊　まあ、おそらくは、幸福の科学の視野のなかには、「中東やアフリカの再建、発展」というものも入っていると思います。それだけの許容度があると思います。そこまでが〝使命圏《けん》〟に入っていて。

もちろん、欧米《おうべい》がね、このままで発展し続けていたら、どうしても、（イスラム教は）あとから追いかけているものとして、白人、キリスト教文化に追いつけないものがあったけれども、彼らにもブレーキがかかってきているという状況《じょうきょう》ではありましょうね。

まあ、唯物論《ゆいぶつろん》勢力とぶつかって、互《たが》いに限界が見えてきた時代ですね。

これはまた、「第三の勢力」が伸《の》びてこなければいけない時代でもあるというように思いますね。

現代のキリスト教とイスラム教における反省点とは

質問者A　現在、アメリカ、イタリア、スペイン、イギリスなど、キリスト教国で感染《かんせん》が非常に広がっているわけなのですが、霊的背景には、どういったことがあるのでしょうか。

釈尊　「現代のキリスト教における間違《まちが》い」に気づかなければいけないところもあるかもしれませんね。

イエスを信じなかった人たちの宗教ですので、今のキリスト教は。イエスを十字架に架けておいて、「イエスが自分たちの罪を背負ってくれたんだ」と称《しょう》して信仰《しんこう》している宗教ですので、考え方のなかに誤りがあります。

だから、イエスを迫害《はくがい》し、処刑したことに対する懺悔《ざんげ》がなければいけませんが、これがありません。

その意味において、「ユダヤ教」と共通しているんですよ。ユダヤ教は、イエスを殺したほうの宗教です。これと協力できるのは、懺悔していないからです。救世主を殺したことに対する懺悔がないし、ローマ帝国が、キリスト教徒たちを猛獣《もうじゅう》の餌にしたことに対する懺悔もなく、十字架に架けたことの懺悔もなく、宗教改革をしようとした人たちを魔女狩《まじょが》りで火あぶりにしていったことに対する反省もなく、まあ、こうしたことの反省がないところに、キリスト教の改革は、今、必要とされているものだと思います。

また、バチカンの腐敗《ふはい》もかなり激しいものだと、私も見ています。

イタリア、スペイン、ポルトガル等は、やはり、中南米にまで伝道していった国ですので、何らかのカルマは持っているのではないかと思います。

特に、ラテン系のカトリックの「没落《ぼつらく》」と「裏表《うらおもて》の差」は、そうとう激しいものがあると思いますね。

インドも多宗教になっていますけれども、何らかの宗教の近代化が、今、必要でしょうね。

質問者Ａ　コロナウィルスの感染は、イランを中心とする中東にも広がっているのですけれども、やはり、こちらにも霊的な背景があるのでしょうか。

釈尊　まあ、うーん、「ノット・ギルティ（無罪）ではない」ということでしょうね。やはり、問題はあるということでしょうね。

「アッラーが、平等に、あまねく人々を愛しておられるということが、貧しさの平等を強要することになっているわけではない」ということでしょうね。

生活難でしょう？　だから、生活難がすごく広がっていて、宗教指導者が国家経営をしているが、うまくいっていない。

これについては、やはり、舵取《かじと》りを調整する必要はあるのではないでしょうかね。もうちょっと、ちゃんと話し合いをして、エキスパートが舵取りできるようにならなければいけないのではないでしょうかね。

「今こそ、世界宗教ができる時期でもある」

質問者C　キリスト教とイスラム教は、一見、ぶつかり合っているように見えてはしまうのですが、実は、その背景には、エル・カンターレの魂のご分身である九次元存在として、イスラム教はヘルメス神が、また、キリスト教圏の特に北米はトス神が中心に指導されていることも教えていただいております。

「神のマネジメント」の領域にかかわるかもしれず、まことに畏《おそ》れ多いのですが、人類に何らかの目覚めを与《あた》えるために、あえてキリスト教とイスラム教の衝《しょう》突《とつ》は起こっているのでしょうか。もしくは、キリスト教とイスラム教、それぞれに悔《く》い改めるべきことがあって、その対立を乗り越《こ》えるものを示そうとされているのでしょうか。

釈尊　いや、まあ、これは、近代の「交通革命」、それから「貿易革命」が起きてから、起きてきている問題ですので。それぞれの国で発展するということは大事なことであったのでね。これが、今、世界がウィルスででも一つにまとまる程度ですから、世界の文明が今、混ざってくるのは当然のことなので。それぞれのところにおいて発展していたものが、調整を加えて歩み寄りを見せなければいけないときですよね。

逆に言えば、〝ウィルスでさえ世界を制覇《せいは》できる〟ぐらいの時代ですから、「世界宗教ができる時期」でもあるということなんですよ、今こそ。

質問者Ｂ　今こそ、世界宗教が出来上がるときである、と。

釈尊　かつてはできなかった。地方宗教しかできなかった。釈尊は歩ける範囲《はんい》しか伝道はできなかった。だけど、今は違うでしょう？

だから、「今こそ、世界宗教ができるとき」ではある。

質問者Ｂ　そういう意味では、「ゴールデン・エイジ」というものは、苦難を乗り越えた、「新しい価値基準」を打ち立てる時期であると……。

釈尊　そのとおり、そのとおり。そうです。

そして、神はＡＩをも乗り越えること、神の叡智《えいち》はＡＩを超《こ》えていることを指し示さなければならない。

だから、「世界宗教をつくれる時代」でもあるんですよ。ウィルスは、それを証明してくれた。

8 「本当の信仰《しんこう》を持っているかどうか」が試《ため》される

「光と闇《やみ》の戦い」「混沌《こんとん》の時代」がしばらく続く

質問者Ｂ　今、お教えいただいた「世界宗教をつくれる時代」というのは、また、光と闇《やみ》の激突《げきとつ》の時期でもあろうかと思います。つまり、闇を打ち破って新たな世界基準を打ち立てるチャンスではあるのですが、同時に闇もまた強くなっていると思われます。

そこでの大きな論点といたしまして、次のようなことがあります。

この感染《かんせん》が広がるなかで、人類には「恐怖心《きょうふしん》」が強くなってまいりましたし、先ほど、「魔女狩《まじょが》り的なこと、発症《はっしょう》した人をすぐに〝処罰《しょばつ》〟するような扱《あつか》いになることもあるかもしれない」ということも示唆《しさ》されました。

そうしたときに、「悪魔・悪霊《あくれい》」といわれる存在もまた、この状況《じょうきょう》を利用して、さらなる闇の計画を立ててくる可能性もあるかと思われます。

例えば、中国の武漢《ぶかん》でのウィルス発生におきましては、今、さまざまな霊人《れいじん》から、水面下で遠隔《えんかく》的に悪質宇宙人の存在も示唆されており、そうしたものによる妨害《ぼうがい》も、見えないかたちで行われているようにも伺《うかが》っております。

悪魔・悪霊など、マイナス想念を司《つかさど》るような存在たちの意図は、いったいどのようなものなのか、釈尊の「降魔《ごうま》の目」から見まして、ご示唆を賜《たまわ》れれば幸いに存じます。

釈尊　悪質宇宙人の問題は「次の段階」ですので、私の言論は控《ひか》えさせてもらおうと思っています。まだ人類全体はそこまで行っていなくて、宇宙人の存在そのものがまだはるかに遠いレベルであり、「次の段階」だと思いますので、人間のレベルでの話を先にさせていただきますけれども、一定の間、「光と闇の混沌《こんとん》の時代」は続くだろうと、私は思っています。

もしですね、例えば、日本に流行《はや》っている、このウィルス感染が、安倍《あべ》首相が言うような、〝布切れのマスク〟だけで防止できるぐらいのものであれば、宗教なんか必要がありませんが、ええ。実際には、ウィルスは布のマスクなんかでは防げません。だから、そうした人間の知恵《ちえ》の限界が来る。

「家でじっとしていればいいんだ」と言っても、家でじっとしていたら、みんな干《ひ》ぼしになって死んでしまいます。

あと、政府が休業補償《ほしょう》をできないのも、もう一カ月過ぎれば分かります。それが明らかになってきますから。「さあ、どうするのか」ということで、「闇と光の戦い」「混沌の時代」がしばらく続くはずです。

でも、それは、今の為政者《いせいしゃ》やマスコミや世論《せろん》を変えるためには、必要なことでもあるんです、ええ。

彼らの勉強したことや教育を受けたことによる判断力で解決がつくような問題であるならば、しょせん、そのレベルの〝マイナーな問題〟ですので。「医学でも科学でも教育でも解決がつかない。そして、神の力が働く。悪魔も同時に活動はするけど、神の力も働いてくる。この混沌の時代がしばらくは続く」ということです。

だから、もし、この病原体の広がり、および、肺炎《はいえん》によって死亡する人が減ってきて、ある程度の収まりを見せたとしても、そのあとの「経済的な面」では、世界的な大恐慌《だいきょうこう》的不況が続くことは確実ですので。混沌は続きますよ。

幸福の科学だって、無傷ではいられません。信者の多くの人たちが自宅待機をし、店を閉め、会社を閉めている状況では、幸福の科学だって無傷ではいられませんね。それは大変なことが起きるでしょうから、そのなかで戦っていかねばならないわけですよね。

奇跡《きせき》に対してどう考えるべきか

質問者Ａ　「奇跡《きせき》」という視点からお伺いいたします。「釈尊在世時に、ヴァイシャーリーの町でペストのような疫病《えきびょう》が蔓延《まんえん》した際、釈尊は町ごと浄化《じょうか》し、この疫病を鎮静《ちんせい》化させた」という記述が遺《のこ》っております。ただ、現代の僧侶《そうりょ》や宗教学者は、これを作り話のように捉《とら》えているわけなのですけれども、「釈尊は、そうした奇跡も起こせる方だった」と信じています。

もちろん、このウィルスは、人類に与《あた》えられた試練であると思うのですけれども、釈尊から見て、このウィルスに対抗《たいこう》する手段が何かございましたら、お教えいただければ幸いに存じます。

釈尊　まだこの世に足場がある人の質問ですね。

全員死ぬんですよ。

日本人も世界の人も、確実に死ぬんですよ。ええ。

（今、生きている人で）二十二世紀に生きている人は、少ししかいないんですよ。

ウィルスで死ななくても、ほかのもので死ぬので。だいたい日本人の三割はガンで死ぬ。あるいは、心臓とか血管の病気を合わせると半分が死にます。死因の一部がウィルスに替《か》わってくるだけのことですのでね。

根本的な解決はないんです。「この世は永遠の世界ではない」ので。あくまでも「魂《たましい》学習の場」なんですね。

ただ、ヴァイシャーリーほど小さくはないので、この日本は。そんな小さなものではない。ヴァイシャーリーを清めるぐらいの力っていうのは、まあ、日本で言えば、そうだねえ、今で言えば、例えば東京二十三区のなかの港区《みなと》を清めるぐらいのものかとは思いますがね。

もっと大きなものですので、そんなに簡単ではないと思いますが、今、去年から奇跡もずいぶん起きていると思います。「幸福の科学を取り巻く奇跡」は、たくさん起きると思いますよ。

「奇跡が奇跡である」のは、それが薬のように全部に効くわけではないということで、重要な局面で、必要な人には「奇跡」がたぶん起きてくると思うのです。その意味で、宗教としての正当性等、〝追い風は吹く《ふ》〟ことになるだろうと思います。

教団が大きく、世界規模になっているので、全員が全員、感染しないでいられないし、みんながみんな、深い信仰心《しんこうしん》を持っているわけでもありませんので、教団のなかでも、罹《かか》る人は出てくるだろうとは思います。

ただ、奇跡が起きて治る方も、そのなかには出てきます。そのへんの、〝この世的な因果《いんが》の理法《りほう》〟とは違《ちが》う「因果の理法」が働くところを、あなたがたは、これから数年、見ることになるでしょう。それによって、「信仰や祈《いの》りに実際の力がある」ということを、たぶん知ることになるでしょう。

すべての人を救うことはできません。なぜなら、全員死ぬからです。必ず死ぬので。その死の原因を、人間はなかなか選べないんです。だから、それについては、最後はしかたがないと思います。

ただ、「生きているその時間を、いかに有意義なものにし、いかに魂の向上のために使えるか」ということですね。

奇跡によって救われることもあります。ただ、それを唯物論《ゆいぶつろん》的な喜びだけに収めてはなりません。「神の栄光が現れた」と思い、「そういう奇跡が起きた人は、それなりの活躍《かつやく》を期待されているのだ」と思っていただきたい。「祈願《きがん》をして病気が治った」という奇跡で止めてはならないのであり、奇跡が身に及《およ》んだ方は、その神の栄光を人々に現す必要があるんだということですね。それを心していただきたいと思います。

創世記の神が〝コウモリの毒〟に負けるわけがない

質問者B　今の質問に関連しますが、大川隆法総裁先生は、過日、（二〇二〇年）四月十一日に、『新復活祈願』という祈願をご下賜《かし》くださいました。本当にありがとうございます。

そこには、「主のお導きにより、自分自身も光の存在であると信じられること、これだけでも新生であり、新復活であります」という文言《もんごん》がございますし、「わが生命《いのち》、わが肉体にも、新復活を願うことを、お許し下さい」ともあります。

そのような趣旨《しゅし》の祈願を賜りましたが、これは、「今、奇跡が一部の方に現れ、神の栄光を広げている」ということでございます。

われわれは、この唯物的な社会のなかで、魂の新復活を遂《と》げていかなくてはなりませんが、そうしたときに、先ほど釈尊から、「本来の自己を知る。本当の自分を知る」という教えを賜りました。

自己を知り、新復活をしていくための気づきを得ようとして、幸福の科学の信者であれば、御教《みおし》え、仏法真理《ぶっぽうしんり》に基《もと》づいて自分自身を照らしていくわけですし、一般《いっぱん》のみなさま、全人類のみなさまも、同様に法によって目覚めていくとは思うのですが、本来の自己を知るための気づきは、どうしていったら得られるのでしょうか。

そのための「一転語《いってんご》」と申しますか、この「目覚めのきっかけ」は、どのような気持ちを持てば、いちばん得られやすくなるのでしょうか。

釈尊　「信仰」っていうのはね、会員登録をしただけで「立った」とは言えないんですよ。「信仰」っていうのはね、祈願にお金を払《はら》って、やっただけで、証明されたものでもないんですよ。

信仰には、レベルに差があるんですよ。

だから、「本当の信仰を持っているかどうか」が試《ため》されることになると思います。「エル・カンターレは本当に地球神なのか。本当に始原《しげん》の神なのか。本当に長く人類を指導してきた方なのか。これを信じ切れるか」というところまで問われると思うんですよ。

もし、この地球人類をつくるに当たって、責任を持つ立場で人類を指導してきた方であるならば、コウモリからできた毒性ウィルスぐらいに、エル・カンターレの力が負けるわけがないんですよ。

それが信じられないで、コウモリの毒素のほうを信じる人たちは、〝弱い方々〟であるけれども、そういう「〝コウモリの毒〟のほうがエル・カンターレの力より強い」と思っているような人まで護《まも》らなければならないほど、〝弱い宗教〟ではないんだということですね。

だから、その〝現世利益《げんせりやく》〟はとっくに飛び越《こ》えなければいけない。「創世記の神っていうのは、それだけの強さを持っているのだ」ということを知らなければならないんですよ。だから、「法隆寺《ほうりゅうじ》に祀《まつ》られている仏像とは違うんだ」ということを知ったほうがいいですね。

まずは国内で本物の信者を十倍化する

質問者A　本日は、さまざまな問題について貴重な御教えを下さり、本当にありがとうございます。

私たちは心を入れ替えてこの危機に臨《のぞ》み、修行《しゅぎょう》し、活動を活発化していきたいと思います。

釈尊　国内で、「本物の信者を十倍化すること」が大事ですね、まずはね。

質問者Ａ　本日は、まことにありがとうございました。

質問者Ｂ・Ｃ　ありがとうございました。

大川隆法　はい（二回、手を叩《たた》く）。

けっこう多角的な話になったかと思いますので、参考になるかと思います。

※本霊言は、「釈尊の未来予言」（本書第1章）の収録前の同日午前中に収録したものです。

第2章　ジョン・レノンの霊言《れいげん》

二〇二〇年四月十四日　収録
幸福の科学　特別説法堂《せっぽうどう》にて

ジョン・レノン（一九四〇～一九八〇）

イギリスのロックシンガー。リヴァプール生まれ。幾《いく》つかのグループ名を経《へ》て、一九六〇年に「ビートルズ」を結成。作詞・作曲も手がけ、中心的メンバーとして活躍《かつやく》する。六四年、「抱《だ》きしめたい」がアメリカでも大ヒットし、世界的なビートルズ・ブームを巻き起こした。七〇年のビートルズ解散後はアメリカに渡《わた》り、ソロ活動を開始。音楽活動を中心に、妻のオノ・ヨーコと共に平和運動を展開するなど、世界中に多くのメッセージを送り続けたが、八〇年、暴漢によって射殺された。

質問者　大川紫央《おおかわしお》（幸福の科学総裁補佐《ほさ》）

［他の質問者はAと表記］

※役職は収録時点のもの。

1　ジョン・レノンの霊《れい》が「世界の今後」を語る

「人口が減れば戦争は減るんですよ」

（編集注。背景にジョン・レノン霊支援《れいしえん》による大川隆法総裁の原曲「Wanderer《ワンダラー》」がかかっている）

ジョン・レノン　ジョン・レノンです。

大川紫央　あ、ジョン・レノンさんが来てくれたんですね。

ジョン・レノン　ええ。
まあ、私の歌で撃退《げきたい》なんて無理ですよ。

大川紫央　コロナウィルスですか。

ジョン・レノン　ああ、無理無理。いやあ、死んでもらうのが使命なんだから、しょうがないじゃないですか。

大川紫央　コロナウィルスで、ですね？

ジョン・レノン　まあ、人口を減らすつもりなんだから、そんなもの、言ったって無駄《むだ》ですよ。

大川紫央　「抵抗《ていこう》しないほうがいい」ということでしょうか。

ジョン・レノン　「死ぬ」のが目的でしょう？
　だから、中国の人口も減らさなければいけないし、ほかのところも減ったら、そりゃ、世の中、ちょっとは平和になるでしょう？　しょうがないですねえ、まあ……。

大川紫央　今、世界が戦乱に向かおうとしているので、〝間引き〟が始まっているということでしょうか。

ジョン・レノン　先進国でいっぱい流行《はや》ってねえ、それで人口が減れば、戦争は減るんですよ。「もう結構」と思って。もう死体の山ばかりだよ。ねえ？　これは、もう止められないですよ。

大川紫央　なるほど。

ジョン・レノン　まあ、私に頼《たの》んで新しくつくっても、祈願《きがん》も歌も効かない。だから、みんなねえ、仕事がなくなって〝原始人〟に戻《もど》っていくんだ。まあ、そういうことも大事ですよ。

「科学の発展」なんて言っていると、本当にもう「戦争」ばっかりよ。医学の発展の虚《むな》しさも、今回よく分かるだろうし。

本当にね、もう人口が増えすぎてこういうふうになるので、ええ。医者がいちばん危険な仕事になってね、もう「医者になりたい」という人は、そのうちいなくなる。

大川紫央　ああ、確かにそうですね。

ジョン・レノン　うん、看護師もいなくなる。私たちもみんな……。あのねえ、コンサートをするような人は、みんな失業。原始時代に戻っていく。平等な世界ができる。もう、ねえ、みんなで小麦粉をつくって、野菜をつくって、生きていかなければいけないんだよ。

大川紫央　今、人類は唯物論《ゆいぶつろん》の果てにいますからね。

ジョン・レノン　動物はみんな感染《かんせん》しているしね。肉ももう食べられないようになる。もう〝ヨガ仙人《せんにん》〟になるしかない。
今、歌なんか聴《き》く人はいないですよ。もう駄目ですよ。

新型コロナウィルスもYouTube《ユーチューブ》も似たようなもの

ジョン・レノン　「YouTube《ユーチューブ》」も、もう潰《つぶ》そうと思っているところだから。
大川紫央　そうですね。あのなかには、ひどいものもありますよね。
ジョン・レノン　もう、あれも〝ウィルス〟だから。〝ウィルス〟を拡散しまくっているからね、もう。
大川紫央　本当にそうですね。

ジョン・レノン　あれは、もうねえ、権利……、オーソライズ（公認）されずにねえ、勝手に発信しまくっているからね、ああいうのは……。あれは駄目だね。あれは〝ウィルス〟ですよ。

大川紫央　規範《きはん》もありませんし……。

ジョン・レノン　だから、YouTubeは、コロナウィルスに〝転移〟しているんだよ。これは一緒《いっしょ》なんだよ。

大川紫央　でも、今は、誰《だれ》もが、家でネットばかり見ているかもしれません。

ジョン・レノン　あと、もう全部潰したほうがいい。要らない。もう要らないよ。くだらん！「個人のつぶやき」を流すなと言うんだよ。ねえ？

大川紫央　そうですね。

ジョン・レノン　しょうもない。

大川紫央　本当に、無意味なものがたくさん垂れ流されて、それに広告費を使ってお金を出すというのは、やはり、もうありえませんよね。

ジョン・レノン　「時間の無駄」「人生の無駄」ですよ。本当にね。だから、歌もねえ、無限にいっぱい流れちゃ駄目なんですよ。もうねえ、やっぱりねえ、洗練された人の歌だけ聴いていればいいので。あとは人生の無駄なんでね、誰にとっても。

もう、カラオケも潰れて結構ですよ。歌わなくていいですよ。下手《へた》な人がそんなものをやったって。

だから、これからはね、無駄な仕事は全部なくなっていく。

今はね、動画系のサイトは儲《もう》かっているけれどもね、反動は来るから、そのうちねえ、ええ。

そのうち、それどころではなくなるから。生きていくことが大変になってくるから、もう。それに、あれはねえ、〝あぶく〟なんですよ。やっぱり〝バブル〟なんですよ。意味はないので。意味のないことで時間を潰しているんだよ、みんな。まあ、しかたないよ。

人生の無常《むじょう》を悟《さと》らせるコロナウィルス？

大川紫央　でも、確かに民主主義といっても、もう個人個人が何を言っても許される世界になりすぎて、何か変になっていますよね。

ジョン・レノン　人権もいいけれども、増えすぎるとねえ、今度はもうバッタと一緒になるからね、嫌《きら》われるので。

いや、コロナは、（人口を）一定、減らすつもりなんだろうからさ。これはもう、人生の無常《むじょう》を悟《さと》らせるための〝仏教祈願〟だねえ。

はい。「諸行《しょぎょう》は無常である」と教えているのだよ。「この世は、はかない」。ねえ？　この世で希望を抱《いだ》いても、すぐ死ぬ。「さようなら」って。

大川紫央　確かにそうですね。

ジョン・レノン　もう、今こそ「仏教の時代」です、ええ。

大川紫央　なるほど。

ジョン・レノン　諸行無常。諸法無我《しょほうむが》。

大川紫央　われらは、どうやって生きていけばよいですか。

ジョン・レノン　ああ、あなたがたはもう涅槃寂静《ねはんじゃくじょう》。もう、この世からきれいさっぱり。「もう二度と生まれ変わらんぞ」って、還《かえ》ってしまえばいい。

大川紫央　なるほど。

ジョン・レノン　うん。この世に帰ってくるから、かえって苦しみが増える。四十歳《さい》で涅槃寂静……。ああ、もう過ぎた人もいるね。

大川紫央　本当ですね。ジョン・レノン霊の歌詞に●、「あぶくのように彼女もみんな消えていく」と書いてあります。

ジョン・レノン　まあ、そりゃ、〝あぶく〟よ。恋愛《れんあい》なんて〝あぶく〟よ。バカバカしい。子供なんかつくるもんじゃないよ。ろくでもないのばっかりできるから。

●ジョン・レノン霊の歌詞に……　大川隆法総裁 作詞・作曲（支援霊：ジョン・レノン）の楽曲〈ときめきの時〉のこと。2020年8月公開のドキュメンタリー映画「奇跡との出会い。―心に寄り添う。3―」（企画・大川隆法）挿入歌。

大川紫央　いやあ……。

ジョン・レノン　もう要らない要らない。子供、要らない。もう本当に、要らない要らない。

今ねえ、人口を四十億人まで減らしたら、本当にすっきりすると思う。

大川紫央　半分ですか。

ジョン・レノン　うん。いやあ、イエス様には「別の考え」があるかどうかは知らないけれども。

（人口が）増えたから、今、これねえ、危ないんですよ。「食糧《しょくりょう》問題」、「エネルギー問題」、「戦争問題」。今度は「感染問題」？　全部、人が多いから。

「人と会うな」と言うんでしょう？　な？　「人と会うな」って言うんで。だから、人と会わないぐらいの人口密度にするしかないですよ。だから、減りますよ。必ず減る。それで、いいんですよ。

「コレラ」だって流行るんだからさ。「黒死病」、「コレラ」、ねえ？　「ペスト」ね、ええ。

代わるものでしょう。もうこんなぐらいで終わったら、いけないんですよ。しかたないんですよ。

だから、みんな行けなくなって、することがなくなって、食っていけなくなって、貧しくなって、みんな托鉢《たくはつ》をするようになる。

大川紫央　なるほど。

ジョン・レノン　うん。だから、財閥《ざいばつ》のところへ行って托鉢したらいいんだよ。みんながビル・ゲイツのところへお椀《わん》を持っていったらいいんだよ。(彼なら)だいぶ養えるでしょう。貯《た》まりすぎているお金を抜《ぬ》いてくれる。ね？　撒《ま》いて撒いて撒いて撒いてしたらいい。

「マスクなんかで身が護《まも》れるわけがないじゃない？」

ジョン・レノン　マスクなんかで身が護《まも》れるわけがないじゃない？

大川紫央　そうですね。

ジョン・レノン　ウィルスはもっと小さいんだよ。細菌《さいきん》なら止められるが、ウィルスは止められないから。バカなことをして。マスク要らないよ。マスクなんかじゃねえ、止まらないですよ。マスクで止まるのは、唾《つば》の飛散だけです。ウィルスは止まらないので。

要は、でも、隙間《すきま》がいっぱい開《あ》いているので、どこからでも入ってくるよ。

大川紫央　R・A・ゴールさんも言っていた気がします。

ジョン・レノン　うんうん。もうねえ、これは、人口密度を下げるしかないんですよ。だから、先進国ほど、よく死ぬと思います。人口密度が高いからです。

ああ、マンハッタンね。あんな狭《せま》いところにね、（ニューヨークは）八百万人もいるから、死ぬんだよ。しょうもない。

2 「人口減で平和になる」という見方

中国海軍の艦船《かんせん》でもコロナが広がり、戦力が無力化する

大川紫央　中国は？

ジョン・レノン　うん？

大川紫央　中国はどうなりますか。バッタとかが来るのでしょうか。

ジョン・レノン　中国は、また別のものがきっと流行《はや》るでしょうね。とにかく、

外国を占領《せんりょう》して悪さをすることは、止めるつもりでいるから。そこは、実現するところまではやると思いますよ。

中国のオンボロの艦船《かんせん》、航空母艦、ああいうのはみな、またコロナが流行るよ、あっちも。換気《かんき》が悪いし、うん。潜水艦《せんすいかん》もみな、うつるよ。いいんじゃない？もう無力化したほうが。戦わずして終わってしまう。

空母が（院内）感染《かんせん》の病院みたいになるんだったら、まあ、潜水艦だって一年も潜《もぐ》ってたら、みんなウィルスで死んでるよ。

大川紫央　軍事兵器が次々と……。

ジョン・レノン　うん。だから、「ちょっと人口減で平和を」っていうのが流れだからね。僕《ぼく》の個人的見解だけど、もう祈願《きがん》も歌も効かないわ。要《い》らない人がとっても増えてるんだよ。残念だね。

でも、食べたくても、ウィルスに感染しているから食べれない。人肉さえ食べれない。

大川紫央　確かに、人も食べられません。

ジョン・レノン　まあ、かわいそうだが、アフリカはバッタが食糧《しょくりょう》を食い尽《つ》くしているしね。

大川紫央　「●娘娘《ニャンニャン》」は知っていますか。

ジョン・レノン　いやあ、最近聞いたような気がするけど。

●娘娘　2020年4月6日収録の霊言「アフリカの祟り神・ズールーが語る次なる危機の警告」(幸福の科学の支部、拠点、精舎で公開)のなかで語られた中国の女の神。

大川紫央　中国に、何かほかにも災《わざわ》いが来るということですね。

ジョン・レノン　（歌いながら）「パワー・トゥ・ザ・ニャンニャ〜ン♪」という歌をつくったら、どうだろうか。

大川紫央　（笑）

ジョン・レノン　顔は、あなたの顔にしてあげる。

大川紫央　嫌《いや》です（苦笑）。

ジョン・レノン　娘娘。

大川紫央　娘娘。

ジョン・レノン　パシパシと。

天上界《てんじょうかい》から見ると、地上には値打ちのないものが流行っている

大川紫央　この流れは、しょうがないということでしょうか。

ジョン・レノン　いやあ、死んだほうがいいよ。日本も八千万ぐらいまで人口が減ると、もうちょっと平和な国になる。八千万だと、だいたいドイツぐらいの人口。

大きくなるとね、「食糧」と「エネルギー」を求めて、どうしても安倍《あべ》さんは全体主義をやろうとするからさ。

大川紫央　そうですねえ。

ジョン・レノン　必ずするから、うん。増えないほうがいいよ。もうねえ、いいんだよ。家でビートルズを聴《き》いてたらいい。で、〝余剰《よじょう》な人〟は死んでもらう。もうこれは、「死神」も「大天使」も共に願ってることなので、しょうがないよ。

だってさあ、僕《ぼく》らが見ても、くっだらない音楽で、五千人とか一万人とか七万人とか集まってさあ、キャーキャー言ってるの。ああいうのはみんな、上から殺虫剤《ざい》を撒《ま》きたくなる。もう「バカ野郎《やろう》。死んでしまえ」って言いたくなるよ。値打ちのない歌を流行らすんじゃないっていう、まあ、そういうことだ。

今、あれだよ。ＡＫＢだとか、乃木坂《のぎざか》だとか、欅坂《けやきざか》だとか、あんなのもみんな集団で踊《おど》ってるからね。みんなコロナでやられるから、解散だ、もうすぐ。

大川紫央　密集しすぎて。

ジョン・レノン　ああ、世の中ね、そうしたら平和になる。一人でうまい人だけ歌ったらいいんだ。

大川紫央　確かに、最近、昔のように歌がうまい人が出てこなくなっています。

ジョン・レノン　「集団主義」がねえ、終わろうとしているので。

いやあ、いいと思うよ。そんなに人口が増えているのに「共産党一党独裁」なんかやったら、おかしくなるのに決まってるじゃないか、ね。「民主主義」だって小さい国でこそ機能するので、あんまり増えすぎたら無理なんだよ。〝勝手主義〟になるので。うーん、子供も数が増えりゃあ、もう勝手になるんだよ。

大川紫央　確かに、みんながいろいろと個人主義で勝手に言い始めるので、余計、全体主義を引き寄せるのでしょうね。

ジョン・レノン　「弾圧《だんあつ》」が必要になるね。だからねえ、ごめんね。娘娘と一緒《いっしょ》の意見になっちゃって、ごめんね。

大川紫央　いや、でも、これは天意ですから。

ジョン・レノン　張り倒《たお》したくなるので。

大川紫央　神様や天使から見て、みんな、そのくらいレベルが落ちている世界になっているということですね。

ジョン・レノン　レベルが落ちてるんだよ。
　だからさあ、マスコミの言うことをきかないで、YouTube《ユーチューブ》がいっぱい言ってるのは、マスコミ自体にバックボーンがないからさあ。何が「正義」のバックボーンか。「善悪」のバックボーンがないから、どの局もみんな「コロナで何人死にました」ばかりやってるじゃん。要らないじゃん、こんなの。

大川紫央　テレビに出ている人たちも、いろいろと意見は言っていますけれども、特に、何かオーソライズされた人たちが出ているわけではありません。テレビ局が勝手に選んだ人になっています。

ジョン・レノン　〝●画皮《がひ》〟だろ？

大川紫央　そうでしょうね。多そうです。

ジョン・レノン　みんな、〝顔の偏差値《へんさち》が高い〟ぐらいのことだ。

大川紫央　芸能人とかはみんな出ているだけで、思想・信条は分かりません。ですから、その人たちは、神仏の目から見て本当に正しい人かどうかは分からない

●**画皮**　中国清代の怪異譚《かいいたん》『聊斎志異《りょうさいしい》』（蒲松齢《ほしょうれい》著）のなかの一篇。人の皮を被《かぶ》り美女に化ける妖怪（妖魔《ようま》）が登場する。なお、幸福の科学では、「妖魔」というテーマをめぐり、真の美の悟りとはいったい何かについて、現代を舞台に描く、映画「美しき誘惑―現代の『画皮』―」（製作総指揮・原作 大川隆法）を2021年に公開。

ですよね。

ウィルスは繁殖《はんしょく》しすぎた人類の「心の影《かげ》」？

ジョン・レノン　だから、ちょっとねえ、今はそのへん、いや、われわれも反省が働いているので。

いやあ、（人類は）〝バッタの大群〟みたいに見えるんですよ。とにかく、百年ぐらいの間に、人口が四倍になろうとしているから、もう限界は来るんですよ。どうしたって百億は超《こ》えられないですよ。限界は絶対来るので。

コロナを避《さ》けても、ほかのものが絶対来るから。何段階も用意してるよ。あとは、「海面上昇《じょうしょう》」とか「巨大津波《きょだいつなみ》」とか、こんなので、海辺や、海抜《かいばつ》ゼロメートルのところに住んでる人は皆殺《みなごろ》しにされて、次、山に逃《に》げれば安全だと思ったら、「火山」が噴火《ふんか》してね。はい。山に住む民《たみ》はもう皆殺し。で、収穫期《しゅうかくき》にはイナゴがいっぱい飛んできて、食べて……。

もうね、ポンペイみたいになって、灰で固まった〝娘娘〟とか、そんなのになるよ。

かわいそうだが、もうねえ、これだけの人口を養う力が神様にはないんだよ。だから、減ってほしいと願っているので。しょうがない。

EU（欧州連合《おうしゅう》）だって、もう三十カ国も集まったって、分からん言語でみんなベラベラ、ベラベラしゃべってるので、もう民族をやめてもらわないと駄目《だめ》ですよ。

大川紫央　確かにもう少し自分たちで、自分たちのこうね……。

ジョン・レノン　みんなで〝協同組合〟をつくろうとしてるんだろ？

大川紫央　そうそう。お金がある国に頼《たよ》って生きていこうとするのは、やめなければいけませんよね。

ジョン・レノン　とりあえず、「格差」を言いすぎるからさ。

大川紫央　はい。

ジョン・レノン　とりあえず、みんなを豊かにする代わりに、みんなを貧しくするのは簡単なんだよ。こっちは簡単。

みんなを豊かにするのは難しい。みんなを豊かにしようとしたら、インフレになるんですよ。金をばら撒いてね、それで、お金がみんな〝紙切れ〟になる。

だからね、みんなを貧しくするのは簡単なんだよ。働けなくしてね。今、安倍さんがやってるし、ほかの人もみなやってる。「家から出るな」。ニューヨークも「〝百パーセント〟家から出るな」って。それはもう死ぬしかないよ。収入ゼロ、もう食べ物もゼロになるよね。「大恐慌《だいきょうこう》」と一緒だ。

これはしょうがないよ。いやあ、それを認めてるのはね……。神様がたも認めているんだから、しょうがない。だから、世界は平和になるんだよ。しかたがない。「人口を減らして平和になろう」って。うーん。

やっぱり、何て言うか、〝飯食《めしく》い虫〟というか、〝米食い虫の先進国〟から死んでいくのさ、いっぱいさ。

アフリカなんか何人死んだって、分からないから。病院も行かないし。うん。何十キロも歩いて病院まで行けないしね。死んだら、その場で焼いて埋《う》めたらいいので、ね。しょうがない。

まあ、戦争がドンパチ始まっても、これはすごいよ。「核戦争《かく》」をやっても、「核汚染《おせん》」で世界中が汚染されて、次はもう大変だから。今度は白血病の山よ、病院は。だから、何を選ぶかだけなので。

いずれにしても死ぬんですよ。うん。何段階も用意しているようだから。ちょっと繁殖《はんしょく》しすぎ。ウィルスみたいになっている。人類の「心の影《かげ》」なんだ、ウィルスは。

3 信仰心《しんこうしん》がなくなっている人類への〝ロック〟

人口が増えるほど、神様を信じない人が増えてきている

大川紫央　「唯物論《ゆいぶつろん》」とか、「無神論」とか、「共産主義的な考え」とかがたくさん増えすぎていて、カビやウィルスのように地球を覆《おお》っているのが人間なのかなと思ってしまいます。

ジョン・レノン　まあ、死んでもらうしかない。

アメリカも、ニューヨークは、そういう「左翼《さよく》」が増えてね。西海岸も、「左翼」が増えてね。このへんはウィルスでたくさん死ぬよ。でなきゃ、西海岸なん

か、もう沈没《ちんぼつ》するか、火山が爆発《ばくはつ》するか、するからね。芸術も、ちょっと淘汰《とうた》しなきゃいけないのでね。地獄《じごく》的なものは淘汰するので。あなたがたはもう、まあ、残念だけど、これで最後の仕事を今しているのかもしれない。「人類消滅《しょうめつ》、涅槃《ねはん》にみんな入《い》ろう」。最後の仕事です、はい。バイバーイ。バイバイ人類。バイバーイ。「私の曲を聴《き》いて、この世にバイバイしてくださーい」って。

大川紫央　「バイバイ」という曲を一曲つくる……。

ジョン・レノン　（歌い始める）バイバ～イ♪　バイバ～イ♪　さらば～人類～♪　バイバ～イ♪　君たちの時代は～♪　ほんとは二十世紀までしかなかったのに～♪　二十一世紀まで生きた罪により～♪　君たちは～♪　消毒さ～れる～♪

バイバ〜イ♪

大川紫央　人類は、間違《まちが》ったほうを選択《せんたく》し続けてきたということですよね。

ジョン・レノン　人口が増えれば増えるほど、今ね、神様を信じない人が増えていってるんですよ。

大川紫央　そうですね。

世界は今、引き締《し》めに入っている

ジョン・レノン　イスラム教だってねえ、もう神様が分かってないじゃないですか。イスラム教って〝色〟で塗《ぬ》ってるだけで、神様が分かってないじゃないですかねえ。だから、駄目《だめ》なんですよ。

だけど、中国も駄目だし、娘娘《ニャンニャン》に殺されるべきだし。ね？

キリスト教もね、大学で高学歴になって高収入とかやってるけど、みんな信仰《しんこう》がなくなってる人たちばかりなんで。もう、教会に行くのは儀式《ぎしき》で、日曜日だけ行ってるけど、それは年寄りが行っているんで。そのうち、若い人は行かなくなるよ、もうすぐね。

〝悪魔《あくま》の夜〟となったかと思うかもしれないけれども、もうちょっとはねえ、住みよくなるよ、しばらくしたら。

またね、ゼロからつくったらいいよ。だから、行きすぎたんだよ、うん。「バイバーイ」なんだよ。

大川紫央　思想の選択を間違え続けてきてしまったと。

ジョン・レノン　ビートルズが球場をいっぱいにするのは許されるんだよ。だけどね、ほかの「その他大勢」がね、そんなのをいっぱいにしてはいけないんだよ。普通《ふつう》の人たちがそんなことをしちゃあいけないんで。人が余っとるのよ。

だからね、必要な仕事をするだけの人数がいればいいんで。もう、不登校から始まって、いじめ、フリーター、親の脛《すね》かじり、こんなのばっかり増えてるから。これはもう世界がね、今、引き締《し》めに入ってるんですよ。〝塩と梅の時代〟なんですよ。

大川紫央　おお……！

ジョン・レノン　うん。塩と梅が、今、必要なんですよ。「梅干し食って生きてろ」っていう。そういう時代に入ったんですよ、うん。だから、「害を為《な》すまいとするなら、もう、山に入って禅定《ぜんじょう》してろ」「瞑想《めいそう》してろ」っていう感じかな。やることがみんな有害なんで。もうねえ、要《い》らないんだ。だから、高い高い高い宇宙から見たら、地上を走り回ってる人や、交差点を歩きまくってる人たち、みんなウィルスに見えるんだよ。ねえ？　いつもそんな目で見られてるってことを知るべきで。地獄を増やすために人類を養う気はないのよ。

今、人類が増えたら地獄も増えるんですよ。分かってるんで。引き締める必要があるんですよ。もっと良質なものだけを学ぶようにしなきゃいけないんで。まあ、そんな考えさ。

今、ジョン・レノンがロックを歌うとしたら?

ジョン・レノン　だから、僕《ぼく》の歌を聴いても〝ウィルス〟は治らないよ。

大川紫央　なるほど。

ジョン・レノン　だって、死んでもらわなきゃいけないんで。こんなことは言えないけどさ。

だから、神様もずるいから、ちゃーんと、そういう「死神」を用意してるのさ。「死神の仕事」にして、自分の仕事じゃないように見せてるのさ。

まあ、しょうがないんじゃないか、要らないんで。

あんたがただって、子供五人つくったらさ、あぶれてるのが出てきてんじゃな

●宏洋氏が……　『宏洋問題の深層』(幸福の科学総合本部編、幸福の科学出版刊)等参照。

いか。な？　そんなようなものなんで、間引かなきゃいけねえんだよ。

大川紫央　やはり、宏洋《ひろし》氏がやらかしたことが、コロナを招く〝最後の決定的なボタン〟を押《お》したのではないでしょうか。

ジョン・レノン　〝宏洋ウィルス〟だな。もう、人類の神が出ているときに、それに〝肥溜《こえだ》めの肥をかけるような人〟が出てきたら、ウィルスで全部終わりね。

大川紫央　本当に〝終わって〟いますよね。〝妄想《もうそう》〟を〝事実〟かのように言うな。

ジョン・レノン　マスコミもいっぱい潰《つぶ》れるさ。残念ながら、繁栄《はんえい》し、驕《おご》ってい

●妄想　根拠のない誤った判断に基づいて作られた主観的な信念。その内容があり得ないものであっても経験や他人の説得によっては容易に訂正されない。（『大辞林』〔三省堂〕第三版：P2546より）

たものがみんな潰れていくさ。
まあ、それでいいのさ。また良質なものをね、つくっていく必要があると思うよ。長らく人類はね、本当、数億人しかいなかったんで、本当に長い間。だから、今、ちょっと〝バブル〟なんで。ちょっと「魂《たましい》の質」が落ちてるの。だけど、「権利」ばかり言うんでね。

大川紫央　そうですね。確かに。

ジョン・レノン　まあ、ビートルズの時代で人類は終わったのさ。もう、これ以上増えても困るので、人が集まれないようにしてるんで。

大川紫央　分かりました。

ジョン・レノン　だから、歌うとしたらねえ、今のロックは、「コロナウィルスで死んじゃおうぜ」っていうような歌になっちゃう。「みんな街へ出よう。そして死のう！」っていう。「毎日、人ごみに出ーかけて、毎日、たくさん死ーのうぜ♪」って。

大川紫央　確かに、今のこの現状だとロックですね。

ジョン・レノン　ええ。「年金欲《ほ》ーしい人は、人ごみ求めて歩いてけ♪」というような感じの歌になるねえ（笑）。

まあ、いいのさ、人生五十年もあれば十分なのに、長生きしすぎとるからさ。もういいのさ。子供も養ってくれないしね。子供が養ってくれないから、政府が養わなきゃいけなくなって、もたなくなってるんだからさ。しかたがない。これ、年寄りから優先的に死ぬんだろ。まあ、しょうがないよ。

病院も、もういっぱい人が死んで、ね？　医学部を難しくして、収入を高くして威張《いば》っている、〝偏差値《へんさち》型の繁栄〟が終わるのさ。もともとそんなに偉《えら》いものじゃなかったからね。

まあ、いいんじゃない。病気っていうのは、寿命《じゅみょう》を縮めるためにもともとあるんで。それと戦うのは、神に歯向かうことなのさ。だから、病気になったら潔《いさぎよ》く死ねばいいんだよ、うん。

「だから～、君～らは～♪　バカ息子《むすこ》～、ドラ娘《むすめ》～なんだ～♪　バイバイ♪」

大川紫央　神様にとっては、人類全員が今はバカ息子とドラ娘なんだと……。

ジョン・レノン　そうなの。

大川紫央　なるほど。

米・英・独の首脳陣《じん》はどうなるのか

ジョン・レノン　だから、信仰心がなくなってるのよ、ほとんど。

大川紫央　本当ですね。

ジョン・レノン　欲しいのは「食料」、欲しいのは「燃料」、欲しいのは「権力」、欲しいのは「名誉《めいよ》」。それは駄目だよ。

大川紫央　それで、親（神）に向かって唾《つば》を吐《は》きかけていますよね。

ジョン・レノン　そして、白人の繁栄した国はね、長年の奴隷《どれい》制の反省により、ヤハウェの神に殺されたエジプト人みたいになっていくのさ。

大川紫央　ああ、そういう意味が……。

ジョン・レノン　うん。

大川紫央　トランプさんが（大統領を）されているのに（収録当時）、何かかわいそうだなと、少し思ってしまいました。

ジョン・レノン　トランプさんも、それは罹《かか》るだろうよ、そのうちね。

大川紫央　そうですか。

ジョン・レノン　ああ。しょうがない。まあ、「終わりは来る」のさ。インディアンに返しなさい、本当に。ま、ということで……。

大川紫央　でも、イギリスのジョンソンさんが奇跡《きせき》的に復活したのは、何か意味があるのでしょうか。

ジョン・レノン　まだ若いからね。

大川紫央　あっ、そうですね。

ジョン・レノン　うん、まだ若いから。いやあ、たまたま、こっちに来て、大川隆法さんの体のなかに入ったから、本当に、光がチャージされた。

大川紫央　絶対に光をもらいましたよね。

ジョン・レノン　うん。たぶん、それで退院できたんだよ。

大川紫央　時期を見ると、本当にそうとしか思えません。

●たまたま、こっちに来て……　2020年4月10日収録の霊言「ヨーロッパの苦悩と中国の恐るべき陰謀―ボリス・ジョンソン首相とメルケル首相の本心に迫る―」(幸福の科学の支部、拠点、布教所、精舎で公開)参照。

ジョン・レノン　「復活」だよ。「信仰心」があったんだよ、彼。

大川紫央　絶対に、（魂が）総裁先生の体のなかに入ったからですね。

ジョン・レノン　彼には「信仰心」があったんだよ。

大川紫央　これを言うと、みんな入ろうとしてしまいます。

ジョン・レノン　ああ、入っちゃいけない。ねえ？　メルケルも〝充電《じゅうでん》〟に来たじゃないか。

大川紫央　来ました。

ジョン・レノン　うん。メルケルも、今、人気が上がってる。な？　ハハハハハハッ（笑）。

「ジョン・レノンを射殺するような世界の繁栄《はんえい》が続いてはいけない」

ジョン・レノン　まあ、でも、世の中の価値観を変えるときも必要なんだよ。もう、時の過ぎゆくのは諦《あきら》めなさい、人は。

大川紫央　確かに、ジョン・レノンさんは、第二次世界大戦の荒廃《こうはい》したなかで生まれたので。

ジョン・レノン　そうだよ。

大川紫央　そのときも、きっと、けっこう悲惨《ひさん》な世界でしたよね。

ジョン・レノン　四十歳《さい》ぐらいまでしか寿命をくれなかったんだからさ。そんなねえ、ジョン・レノンを射殺するような（世界の）繁栄《はんえい》が続いちゃいけないんだよ。

大川紫央　確かに、そうですね。

ジョン・レノン　うん。だからね、何らかの「反作用」は働くのさ。

大川紫央　分かりました。

ジョン・レノン　ジョン・レノンは射殺されるし、マンデラは牢《ろう》に二十七年ぶち込《こ》まれるし、ガンジーも暗殺されるし。ろくでもない、本当ね。

大川紫央　そうですね。九次元大霊《たいれい》はみんな、人類によって罰《ばっ》せられて。

ジョン・レノン　うん、ろくでもない。言うことをきかない。みんな言うことをきかねえ。

大川紫央　それは悪い人類です。

ジョン・レノン　うん。まあ、だから、「終わり」さ。君らも、〝ケ・セラ・ケラ、ケ・セラ・ケラ〟だよ。

大川紫央　「ケ・セラ・セラ」。

ジョン・レノン　「ケ・セラ・セラ」だ、うん。そう、そうだ。この世は不自由だ。あの世は自由だ。あの世に還《かえ》ろう！

大川紫央　仏教思想ですね。

ジョン・レノン　うん、仏教だ。今こそ、仏陀《ぶっだ》にみんな滅尽《めつじん》させてもらえ。〝人類滅尽祈願《きがん》〟。

●ケ・セラ・セラ　「なるようになるさ」というスペイン語（que será, será）が由来。1950年代、アメリカの映画「知りすぎていた男」（1956年公開、パラマウント）の主題歌として流行した。

大川紫央　ええ……。

ジョン・レノン　ふん。ねえ？　本当に。

4　ジョン・レノンの霊《れい》から見た今の「天意」

「人口は、もうそんなに増えないよ」

ジョン・レノン　狐《きつね》なんかね、もういなくなったからさ。出てきて、お尻《しり》に噛《か》みついたりするんだよ、魂《たましい》で（質問者注。大川紫央の左側のお尻が痛い日が数日続くので、大川隆法総裁先生に霊査《れいさ》していただいたところ、九尾《きゅうび》の狐が派遣《はけん》した狐が日替《ひが》わりで憑《つ》いていた。幸福の科学の映画「美しき誘惑《ゆうわく》—現代の『画皮《がひ》』—」に抵抗《ていこう》し、撮影妨害《さつえいぼうがい》をしようとしているようだった。霊現象として珍《めずら》しい事例なので、そのまま掲載《けいさい》させていただくことにした）。

あれだって、人間に生まれ変わりたいんだよ。

大川紫央　なるほど。

ジョン・レノン　人間のなかに入りたい。だから、人類の数が増えれば、人間のなかに入ってくるんだ、あれ。入《い》れないよ。

大川紫央　私のお尻に噛みついている〝狐〟ですね？　代わりばんこに……。

ジョン・レノン　うん。そうそう。それはみんな、人間に生まれ変わりたいのさ、本当は。

大川紫央　そういうことなのですね。

ジョン・レノン　人間の女性に生まれ変わってね、そして、誘惑したいのさ。

大川紫央　でも、霊力《れいりょく》を蓄《たくわ》えなければいけないから、なかなか生まれ変われないのでしょうか。

ジョン・レノン　うん。だから、人口は、もうそんなに増えないよ。

大川紫央　なるほど。

ジョン・レノン　もう要《い》らねえ、要らねえ。要ーらね。

「最後は、宇宙人による〝宇宙からの攻撃《こうげき》〟が始まる」

ジョン・レノン　最後は、今度は、宇宙人による〝宇宙からの攻撃《こうげき》〟なんていうのが始まるからさ。

もう勘弁《かんべん》したいが、宇宙戦争が始まったら、科学技術が千年以上、差があったら、そんなの勝ち目なし。

大川紫央　地球は、そこまで対抗《たいこう》できないですね。

ジョン・レノン　うん。昔、人類が書いたものはね、「ウィルスによって宇宙人が死ぬ」というストーリーを書いているのにさ。ウィルスによって人類が死ぬという。〝逆に〟なっちゃった。

大川紫央　確かに、トム・クルーズが出ていた映画は、「宇宙人が地球のウィルスに抵抗《ていこう》できなくて死んでいく」というものでした。

ジョン・レノン　だけど、ウィルスが流行《はや》って人類が死ぬとさ、レプタリアンが人間を食べられなくなる。

大川紫央　そこまで考えられているのですね。

ジョン・レノン　うん。

大川紫央　なるほど。確かに。

●トム・クルーズが……　2005年公開の映画「宇宙戦争」(ＵＩＰ)のこと。原題「War of the Worlds」。Ｈ・Ｇ・ウェルズによるＳＦ小説の古典が原作。

理性と知性でつくった文明が、人類を終わらせようとしている

ジョン・レノン　君たちは、〝あれ〟って言っているんだったっけね、二〇二〇年が……。

大川紫央　ゴールデン・エイジ。

ジョン・レノン　ゴールデン・エイジ。ゴールデン・エイジとは、〝緑が刈《か》り取られる時期〟なんだよ。ハハハ（笑）。

大川紫央　でも、総裁先生が、いくら獅子奮迅《ししふんじん》でやってくださっても、人類がきかなかったので、しかたがないかもしれません。

ジョン・レノン　一億人もきいてくれないでしょう、どうせ。これはもう駄目《だめ》だよ。

大川紫央　人間がみんな、神になり代わって……。

ジョン・レノン　神様を忘れちゃったんだから、しょうがないじゃないか。
　神のない子はね、アルバイトをして、最後は飢《う》え死にだよ。しかたないじゃないか。親の言うことをきかない子は要らないのさ。神の言うことをきかない子供は要らないんだよ。

大川紫央　感謝すらできていないですからね。

「この地球で人類が生きていくためには、本来、非常にバランスが取れていないと生存できない」といったことを、●釈尊《しゃくそん》が奇跡《きせき》について語っているもののなかで、おっしゃっていて……。

ジョン・レノン　〝大甘《おおあま》の民主主義〟は終わりなんだよ。

やっぱり、もうちょっとピリッとした、「塩」と「梅」だけで生きていく生活をしなきゃいけない。ね？　塩と梅と昆布《こんぶ》ぐらいで生きていかなきゃいけない。「民主主義で時代が終わる」と言われていたからね。まあ、「終わり」が来たんだよ。

もうちょっと、神様の子供として人間が生きるようにならなくては、この世は終わるので。

まあ、すでに十分、発信したけどね。だけど、ウィルスが広がっても、「神の

●釈尊が奇跡について……　2018年12月5日に収録した、仏陀に、仏教伝説のなかの奇跡の真偽について直接訊いた霊言。『仏陀は奇跡をどう考えるか』（幸福の科学出版刊）参照。

教え」は広がらないんだろう？

大川紫央　はい。

ジョン・レノン　まあ、しょうがない。神様のやることは、こういうことさ。もう一回、〝ガラガラポン〟なんだよ。しょうがない。価値観が引っ繰《く》り返る。

そのもとはどこかって、それは、カント以降だよ、それはね。カント以降ね、理性を中心にした文明をつくって、「理性」と「知性」でつくった文明が人類を終わらせようとしているのさ。

まあ、「原始時代」を楽しみたまえ。それがいいよ。うん。

大川紫央　分かりました。

悪《あ》しきものには反省が必要

ジョン・レノン　残念だったね。ごめん。もう、君たちを救う方法はないんだ。

大川紫央　本当に「天意」ということなのですね。

ジョン・レノン　うん。「天意」なので。

大川紫央　分かりました。

ジョン・レノン　はい。「悪い人から死んでくれ」って、お願いするしかない。

だから、豪華《ごうか》客船なんかでクルーズして、金が余っている年寄りたちがいっぱいいるような、あれから流行ったんだろう、まずな。次は、空母も感染《かんせん》して、潜水艦《せんすいかん》も感染して、どんどん感染するさ。お金が集結してできたようなものが滅《ほろ》びていくのさ。ごめんね。娘娘《ニャンニャン》に「海を渡《わた》る方法」を教えてやらなきゃいけない。

大川紫央　でも、今、まだ、中国が軍艦を台湾《たいわん》近辺に送ったり、ベトナム船を沈《ちん》没《ぼっ》させたり、いろいろしていますから。

ジョン・レノン　まあ、食糧難《しょくりょうなん》になったらいいのさ。それどころじゃなくなるから。

大川紫央　なるほど。

ジョン・レノン　まあ、台湾・香港《ホンコン》は護《まも》られるんじゃないの？　きっと。

大川紫央　〝逆に〟ですね。

ジョン・レノン　あんなふうになりたくないから……。（中国は）今、隠《かく》しているからね。〝もっとひどい状況《じょうきょう》〟だと思うよ、本当はね。

大川紫央　「中国のなかが」ですね？

ジョン・レノン　うん、うん。

大川紫央　そうですか。

ジョン・レノン　だから、日本企業《きぎょう》でね、中国にいっぱい、〝たらふく食べさせた〟企業はね、これから潰《つぶ》れていくさ。しかたがないんだよ。そりゃあ、悪いことをしたんだから。「国難」を呼び込《こ》んだのでね、自分のところの利益のためにね。しょうがない。

それから、「奴隷《どれい》をいっぱいつくってきた国」たちも反省が必要さ。奴隷はつくるわ、他の国は滅ぼすわ、いっぱいやってきたところは、若干《じゃっかん》、弱っていくさ。しかたがないじゃないか。

だから、お互《たが》いに害を与《あた》えない程度まで縮む必要があるんだよ。

まあ、これも一つの方法さ。

個人的にウィルスを吸い込んで、肺炎《はいえん》に罹《かか》って死んだようにしか見えないじゃないか。殺人でも何でもない。自分が自業自得《じごうじとく》で死ぬんだから。防ぐ方法はない。布のマスクなんか送られてくるだろうけど、何の役にも立たないよ。そんなもの素通《すどお》しさ、ウィルスなんて。役に立たないで。「原始人化」しているんだよ。まあ、政治家も、年を取ったのは早く死んだほうがいいね。これから死に始めると思うけど、もう〝ご用済み〟なんだよ。

今回の「引き金」と「目的」

ジョン・レノン　まあ、今回の〝引き金〟は、おたくの長男だ。

大川紫央　そうでしょうね。彼はひどかったですからね。神に対してひどすぎました。

ジョン・レノン　おたくの長男が引き金だよ。

大川紫央　もう許せませんよね。

ジョン・レノン　そんな「無神論の快楽主義を許さない」ので、私たちは。だから、今、「快楽主義」のところ、全部、店閉めさせているから。

大川紫央　そして、週刊誌も乗ってしまったので。

ジョン・レノン　うん。週刊誌も滅ぼします。「引き締《し》まり」が必要です。良質なものを、少量生かすことが大事ですね。

まあ、そういうことだ。ちょっと〝ロック〟で、ごめんね。

大川紫央　いえいえ。

ジョン・レノン　だけど、本心でもあるんだ。

大川紫央　はい。ジョン・レノンさんからお聞きできると思っていなかったので。

ジョン・レノン　九次元霊を次々殺してくるような人類は嫌《きら》いなんだよ、神様は。言うことをきかないもの。まあ、そういうことさ。

それと、「地獄《じごく》を増やす気はない」っていう。これ以上、もう増やしたくないので。

大川紫央　このままだと、どんどん拡大してしまいますよね。半数どころではない割合で地獄に行きそうです。

ジョン・レノン　うーん。地獄へ行く人ばっかりになってくるでしょう? 今の教育も間違《まちが》っているから。

大川紫央　はい。

ジョン・レノン　だから、科学の、自分たちの限界を感じさせなきゃ。

宇宙人の科学はね、神様も、霊能力も、みんな信じている科学ですからね。そちらのほうが進んでいるんですよ、本当はね。

〝人類総懺悔《そうざんげ》〟させるから。これが目的。総懺悔しなきゃいけない。あまりのひどさに、「もう、神に祈《いの》るしかない」っていうところまで行く。マスクなんかでは、とても太刀打《たちう》ちできない。神に祈る。まあ、そこまでは終わらないね。

いやあ、娘娘《ニャンニャン》がいるから、こちらは、〝塩塩《しおしお》〟、〝塩塩《エンエン》〟が出なければいけない。

日本で塩塩《エンエン》が暴《あば》れる、おお！

これから生まれてくる子は「選ばれし人」だけで十分です。もう余計なのは生まれなくていい。うーん、いいんじゃない？

大川紫央　分かりました。

ジョン・レノン　はい。日本の適正人口は、八千万です。ハハハハハハハ（笑）。

大川紫央・質問者A　ありがとうございました。

大川隆法　はい（一回手を叩《たた》く）。

古来、釈迦《しゃか》のように悟《さと》りを開いた人には、人知を超《こ》えた六種の自由自在の能力「六神通《ろくじんずう》」（神足通《じんそくつう》・天眼通《てんげんつう》・天耳通《てんにつう》・他心通《たしんつう》・宿命通《しゅくみょうつう》・漏尽通《ろじんつう》）が備わっているとされる。それは、時空間の壁《かべ》を超え、三世《さんぜ》を自在に見通す最高度の霊的《れいてき》能力である。著者は、六神通を自在に駆使《くし》した、さまざまなリーディングが可能。

本書に収録されたリーディングにおいては、霊言《れいげん》や霊視《れいし》、「タイムスリップ・リーディング（対象者の過去や未来の状況《じょうきょう》を透視《とうし》する）」「リモート・ビューイング（遠隔《えんかく》透視。特定の場所に霊体《れいたい》の一部を飛ばし、その場の状況を視《み》る）」「マインド・リーディング（遠隔地の者も含《ふく》め、対象者の思考や思念《しねん》を読み取る）」「ミューチュアル・カンバセーション（通常は話ができないような、さまざまな存在の思いをも代弁して会話する）」等の能力を使用している。

※本リーディングは、「釈尊の未来予言」（本書第1章）の収録後の同日夜に収録したものです。

第3章　メタトロン、ヤイドロンのメッセージ

――ＵＦＯリーディング㊿――

二〇二〇年四月十四日　収録

幸福の科学　特別説法堂《せっぽうどう》にて

メタトロン

射手《いて》座・インクルード星の宇宙人。イエス・キリストの宇宙の魂《たましい》（アモール）の一部。六千五百年ほど前にメソポタミア地方に生まれた。光の神の一人。

ヤイドロン

マゼラン銀河・エルダー星の宇宙人。地球霊界《れいかい》における高次元霊的な力を持っており、「正義の神」に相当する。現在、地上に大川隆法として下生《げしょう》している地球神エル・カンターレの外護《げご》的役割を担《にな》う。地球上で起こる文明の興亡や戦争、大災害等にもかかわっている。

［質問者はAと表記］

1　メタトロンからのメッセージ

「私たちも〝変数〟の一つ」「芸術的な決着をつけるつもり」

質問者A　少し待ってください。

大川隆法　西の方向かな。

質問者A　ありました。

大川隆法　西の方向？

質問者A　はい。

大川隆法　メタトロンさんだと思います。メタトロンさんが出てきています。

今日は何か言いたいことがありますでしょうか。今日、午前中に「ジョン・レノンの霊言《れいげん》」（本書第2章）、午後に「釈尊《しゃくそん》の未来予言」（本書第1章）を録《と》りましたが、メタトロンさんが今日来たのには何か意味がありますでしょうか。

（約五秒間の沈黙《ちんもく》）

本収録動画に映ったメタトロンのUFO

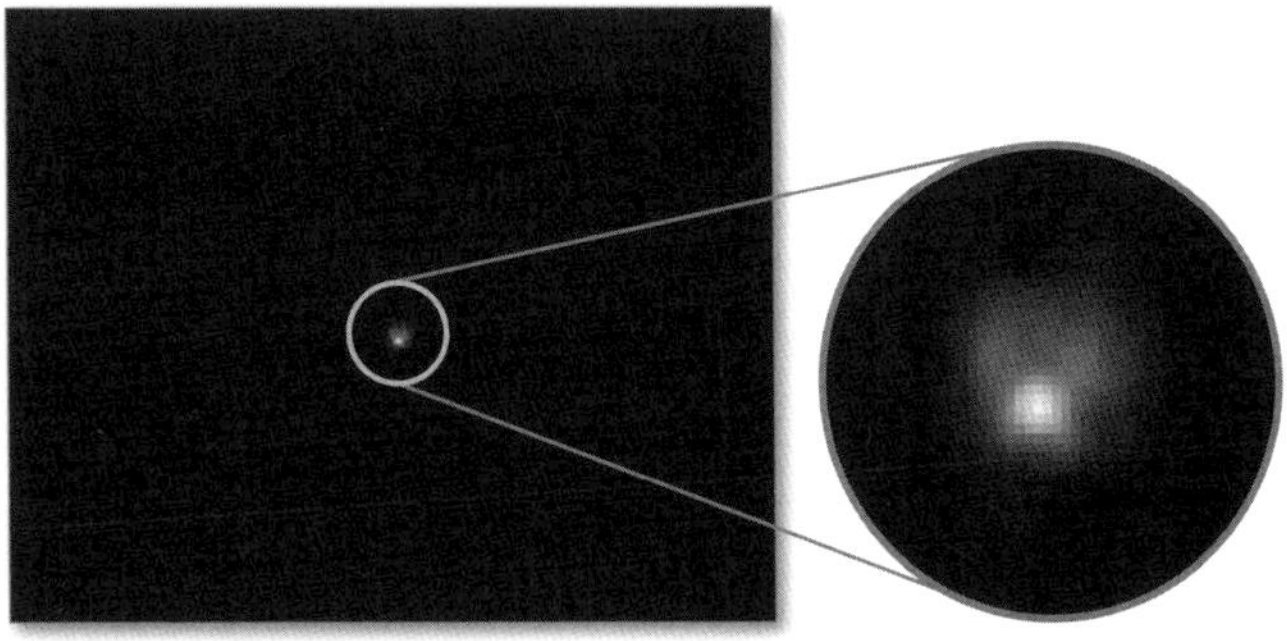

発見者：大川隆法
4月14日（右は拡大写真）
※カバー袖にカラー写真を掲載。

メタトロン　去年も大変でしたけど、今年も大変ですね。

質問者A　はい。

メタトロン　ただ、今日言った釈尊の〝変数〟のなかに、私たちが存在しているということを、まだ地球人たちは知らない。私たちも〝変数〟の一つですので、どの程度まで被害《ひがい》を止めるかということは、私たちも考えています。

最終的な決着は、年初に言ったとおり、「芸術的な決着」を私はつけるつもりでおります。だから、それについては信頼《しんらい》してください。

今年はちょっと全体が低調になりますけれども、信仰心《しんこうしん》が高まり、そしてまた、もう一度、「新しい建設の時代」というか、「新しい経営の時代」、「新しい政治の

●年初に言ったとおり……　2020年1月2日、大川隆法総裁のもとに、メタトロンのUFOが新年の挨拶に現れ、メッセージを送ってきた。『中国発・新型コロナウィルス感染 霊査』（幸福の科学出版刊）参照。

時代」が始まるように努力します。

あなたがたから見たら、思いもしないようなことが、今後、政界あるいは経済界、外交等で起きると思いますが、そのつど、そのつど、メッセージは送りますから、心配はありません。

「幸福の科学は『最後の砦《とりで》』にならなければいけない」

メタトロン　幸福の科学についてのご心配もおありかと思いますが、大丈夫《だいじょうぶ》です。こちらも、ウィルスではありませんが、広がります。はい。幸福の科学を十倍に広げるつもりでおります。

質問者A　地球人が頑張《がんば》らないといけないですね。

メタトロン　そうです。頑張らなければ駄目《だめ》です。弟子《でし》たちは、今、頑張らなければ駄目ですよ。そのままで平気でやっていられるから、甘《あま》く見ているけれども、「いつも平時ではない」ということですね。

十倍にしなければ、使命が果たせませんよ。日本での力も十倍にしなければいけないし、政治的にけない。「危機のときに強い幸福の科学」にならなければいけないと思います。「最後も混乱はしますけれども、粘《ねば》り強く頑張らなければいけないと思います。「最後の砦《とりで》」にならなければいけないんですよ。「頼《たよ》りになる、最後の判断」。これが、幸福の科学総裁の仕事です。

まあ、でも、時代は確実にそうなっていきますから、任せておいてください。

私たちも〝変数〟です。ただ、その変数は、知られなくてもいい変数なので、幸福の科学の考えとして発表していって、世の中を変えていけばいいと思う。今、世界を救える立場にあります。

日本のところは、現在の政治をそのまま肯定《こうてい》するわけにはいきませんので、ある程度被害は増えますが、ある程度のところで、国が変わってきた段階で、私たちは、全体の方向性を変えていくつもりであります。

中国も、このままでは絶対に終わらない。これはお約束できます。まあ、これだけは言っておきたい。はい。

質問者A　本当にありがとうございます。

大川隆法　はい。では、ヤイドロンさんのほうに行きますか。

質問者A　はい。

大川隆法　そこですね。

質問者A　少しお待ちください。では、メタトロンさんをいったん終了《しゅうりょう》します。

大川隆法　はい。

2　ヤイドロンからのメッセージ

「コロナウィルス、恐《おそ》れることなかれ」

質問者Ａ　（カメラにＵＦＯの映像が）入りました。

大川隆法　入りました？　はい。では、たぶんヤイドロンさんだと思いますが、どうでしょうか。そうですね。上空にヤイドロンさんが出てきています。ここがいちばん見えやすいところなので。

質問者Ａ　今日は二大巨頭《きょとう》が……。

大川隆法　現れてきましたね。

質問者A　夜空に二つ瞬《またた》いています。

大川隆法　ヤイドロンさんのほうのメッセージは、何かございますでしょうか。

（約五秒間の沈黙《ちんもく》）

ヤイドロン　ええ、まあ、「コロナウィルス、恐《おそ》れることなかれ」と思っています。今日、釈《しゃく》

本収録動画に映ったヤイドロンのUFO

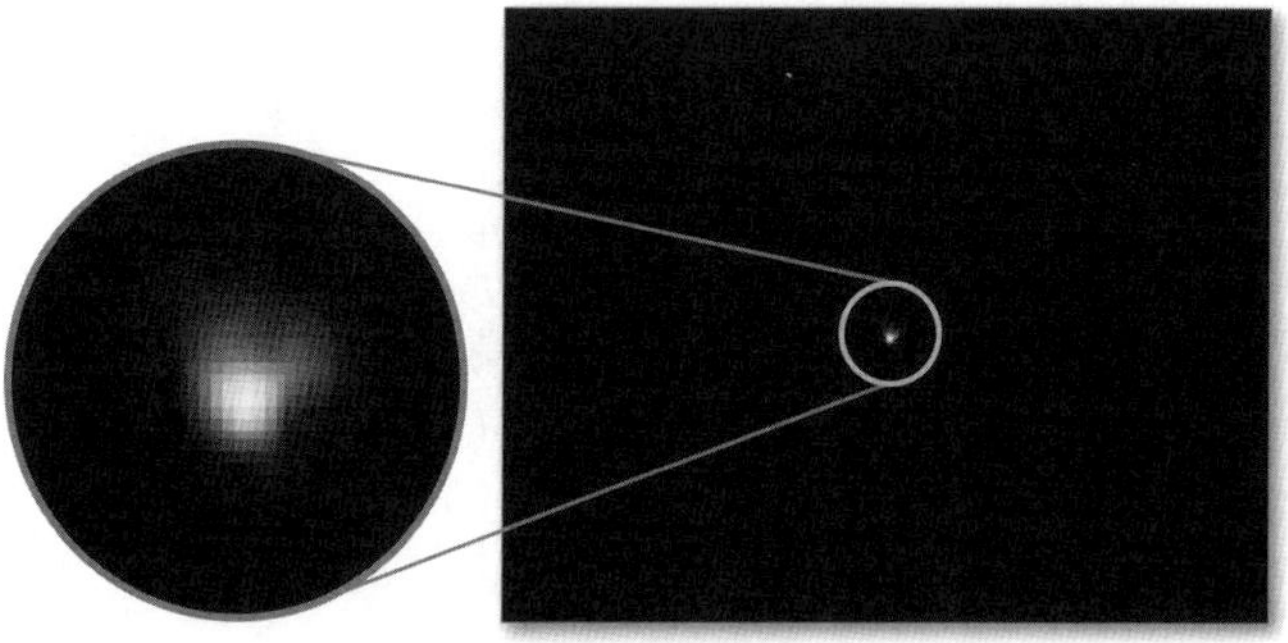

発見者：大川隆法
4月14日（左は拡大写真）
※カバー袖にカラー写真を掲載。

尊《そん》から、「始原《しげん》の神、創造の神の力と、コウモリから発生したところの毒入りウイルスと、どちらが強いか分かっているのか」という言葉が発せられました。これは重要なメッセージだと思います。信仰《しんこう》がそこまで行かなければ、救えないんです。世界が救えないので。

単なる、〝教祖という職業〟をやっている。〝宗教というジャンルの職業〟をやっている。これだけでは駄目《だめ》なんですよ。

で、病院は今、「医療崩壊《いりょうほうかい》」と言っていますけれども、やっぱり、〝神から奪《うば》ったものもある〟と思うので。ええ。病院は、病院の仕事はあります。ただ、「神から奪ったものは神に返していただきたい」と、われわれも思っています。

彼らの力を超《こ》えたものがあるので。その世界のほうがはるかに大きいので。それについては、やっぱり、「宗教家の言葉」が世の中を率《ひき》いていくようにならなければならないと思う。医者には全然分からないし、自分らも、もう患者《かんじゃ》が来るのが怖《こわ》くなっているわけで。

質問者Ａ　そうですね。

ヤイドロン　それを受け付けるだけでうつるということで、怖くなっている。宗教家の出番です。宗教家は、世を救うために生まれてきた存在ですので。

これから、さまざまな苦難・困難、世界的な規模での困難……、病気の面でも人が死んでいくとか、社会的な動乱とか、戦争とか、大不況《だいふきょう》とか、恐慌《きょうこう》とか、いっぱい起きると思いますが、すべてを解決していく力を、幸福の科学は持っていると思います。

だから、今から、十倍、それから二十倍、百倍の広がりに堪《た》える力を持っていただきたいと思います。「世界の、最後の灯台の光」です。「絶対、地球を見放さない存在がいる」ということを知ってもらうことが大事だと思います。

欧米《おうべい》も中東も、「本当の神」を求めるようになる

質問者A　私たち内部の人間も、もう一段、信仰心を見つめ直さないといけないですね。

ヤイドロン　そうですね。

質問者A　この世的な価値観（に基《もと》づいた情報）を毎日、どんどん聞いていますし。

ヤイドロン　すごく強いですね。

質問者Ａ　本当の始原の神に思いを馳《は》せなければいけないということですね。

ヤイドロン　そうですね。でも、コロナウィルス禍《か》で苦しんだ欧米《おうべい》は、ぐらついていると思いますし、これからも、ぐらつくと思うので、やはり、「本当の神」への祈《いの》りが出てくると思うし、イランを中心に中東のほうも、「本当の神」を求めるようになると思うので、「本当の神」の教えが広がっていくと思いますよ。

質問者Ａ　「イエス様の奥《おく》にある神様」にまで、思いを馳せることが大切だと。

ヤイドロン　そうです。「イエス様に祈ったら、（その祈りは）エル・カンターレまで行く」ということを、やっぱり、人々は知らなくてはいけない。「その神様が今、現れなかったら、いつ現れるんだ?」ということですね。

そういう世界的危機のなかに現れることを、欧米の、神を信じる人たちは知っています。「日本に現れた」ということを、やがて自覚することになるでしょう。また、「信仰の力が、病《やまい》に打ち克《か》つこと」を実証するでしょう。

今年は、心配事はいろいろあろうと思うけれども、すべて、必ず乗り越《こ》えていけると思います。私たちも姿を現して、お護《まも》りしていますので。かつて、ここまで出てくることはなかったので、ええ。意見をはっきりと言っています。「最終兵器」は私たちですので。地球を護ります。護り抜《ぬ》きます。

質問者A　本当にありがとうございます。

地球の始原《しげん》だけでなく、「宇宙の始原の神」が存在する

質問者A　民族神の方々も世界各地にいらっしゃると思うんですけど。

ヤイドロン　はい、はい。

質問者A　その神々も、今こそ始原《しげん》の神、世界神に祈りを捧《ささ》げるべきときなのかなと、私は思うのですが。

ヤイドロン　そうだし、まあ、昔から、天に神があるということで、「天上界《てんじょうかい》にいる私たちの存在」と「神の存在」が混同されてはいたものなんですけど、「今、天から地球を護っている、地球よりも文明の進化したわれわれもまた、かつて地

球の神が創造したものだ」ということを、われわれは述べているわけで、こんな時代は初めてです。〝初めて〟なんです。

初めて明かされた……、「初めて明かされた事実」なんですよ。すごいことなんです。

質問者A　「こんなに明確に明かされたことは今までなかった。だから、文献《ぶんけん》にも載《の》っていない」ということですね。

ヤイドロン　すごいことなんです。本当にすごいことなんです。

「宇宙の法」を説かれて、映画にもなると思うけれども。われわれ……、神と間違《まちが》われる、われわれ宇宙から来た者をも、また統《す》べている神、「始原の神」がいると。地球の始原だけでなく、「宇宙の始原の神」が存在すると。それをわれわれわれが証明する以外に、証明する人はいないんですよ。だから、これから、われわれの存在が地球に一定の影響《えいきょう》を与《あた》える時代に入りますけれども、もう弟子《でし》たちで護れなくて、われわれがエル・カンターレを護っている時代にもう入っているので。ええ。

「奇跡《きせき》の時代」にもう完全に入っていると思います。だから、もっともっとみんなの信仰心が高まれば、今まで見たことのないような奇跡が、大きな意味での奇跡が、病気が治る程度ではなく、もっと大きな意味での奇跡が起きますよ。

それに堪えるだけの強い不退転《ふたいてん》の信仰心を持ってもらいたい。私たちのような科学技術の進んだ存在が神を信じているんですから、あなたがたが、そんな弱いことでどうしますか。

質問者Ａ　本当にそうですね。はい。

「地球の未来を混乱させないように、われわれも戦っている」

質問者Ａ　（カメラを）少し動かします。

その神を思い浮《う》かべることが、人間が存在するそもそもの理由、人間の原点を考えることにもなるということですよね。

ヤイドロン　そうですね。

そして、地球では、地球で起きた不幸との戦いだけをやっていると思うが、われわれの世界では、宇宙戦争も始まっているわけで。宇宙から悪質宇宙人が侵入《しんにゅう》することを食い止めようとして、今、戦っているので。これを知ってくれているのが、「ここだけ」「幸福の科学だけ」ということですので、それを伝えておきたい。

「地球に悪質な宇宙人が入って、地球の未来を混乱させないように、われわれも戦っている」ということ、「われわれも仲間だ」ということを知ってほしいと思いますね。

質問者A　本当にありがとうございます。

ヤイドロン　それもまた、●天御祖神《あめのみおやがみ》の力でもありますのでね。

まあ、もっともっと教えが広がって、あなたがたも安定して、宇宙の秘密が明かせる日が来ることを希望します。

未来の科学もいっぱい私たちは持っています。ただ、それをただただ授《さず》けるわけにいかないんですよ。信仰心がなくなったり、神を忘れたり、霊《れい》を忘れたりするようであっては、未来の科学が今度は無駄になって、人類を滅《ほろ》ぼすことになり

●天御祖神　『ホツマツタヱ』に出てくる「祖《おや》」に当たる創造神。地球神エル・カンターレの本体霊に近い存在の一人。約3万年前に日本に降臨。その教えは世界各国の古代文明に広がるとともに、日本の武士道の源流として現代まで脈々と受け継がれている。『天御祖神の降臨』（幸福の科学出版刊）等参照。

ますので。
　われわれは戦います。
質問者Ａ　結局、神が分からないと、人としてやってよいことと悪いことの善悪も分からなくなってきますからね。
ヤイドロン　そうです。そうです。
質問者Ａ　高度な科学技術を持っても、悪い方向でしか利用できないのなら、持たないほうがいいですよね。
ヤイドロン　古代なら、「天にある神」と思われたわれわれが、今、地にいるエル・カンターレとの交信ができるという事実を知ってもらいたいと思うし、あなたがたに、その記録を遺《のこ》しておきたいと思っています。

これからも頑張《がんば》りますから、どうか見ていてください。

質問者Ａ　私たちも本当に頑張らなければいけないと思います。

ヤイドロン　ええ。まあ、お弟子さんたちに頼《たの》んで、できないこともあろうと思いますが、メタトロン、ヤイドロンでもやれることはあるし、まだほかにも、隠《かく》れた力を持っている人がいっぱいいいますから。R・A・ゴールとか、その他の方もまたいらっしゃるので、やがて、みんな勢揃《せいぞろ》いしてくるでしょう。そのときを待っているはずですので。

●R・A・ゴール　こぐま座アンダルシアβ星の宇宙人。宇宙防衛軍の司令官の１人であり、メシア（救世主）資格を持つ。仏陀・釈尊の宇宙魂の一つ。

質問者A　力を貸していただき、本当にありがとうございます。

ヤイドロン　必ず勝てます。頑張っていきましょう。

質問者A　はい。ありがとうございます。

3　エル・カンターレの本心が少し出ていた「釈尊《しゃくそん》の霊言《れいげん》」

大川隆法　ん？

質問者A　二つの間に何か出てきています。ヤイドロンさんとメタトロンさんの間です。

大川隆法　いなくなった？

質問者A　いや、まだいます。

大川隆法　まだかすかにいました。
ほかに何かありますか。ほかにありますか。

（約五秒間の沈黙《ちんもく》）

ヤイドロン　まあ、ほかにも来ていますけど、仲間だと思ってください。

質問者A　なるほど。

大川隆法　（ヤイドロンさんは）「今日はいいです」とのことで。

質問者A　では、お二人で大丈夫《だいじょうぶ》です。ありがとうございました。みんな励《はげ》ましに来てくださったようです。

大川隆法　今日の霊言《れいげん》（本書第1章）は、〝重かった〟のでしょうか。

質問者A　そうですね。

大川隆法　「エル・カンターレの本心」が少し出ていたかもしれません。

質問者A　今日の霊言はすごかったです。「エル・カンターレの本心」が一部出ていました。ありがとうございます。「奇跡《きせき》の時代」です。

大川隆法　すごいですよ。宇宙人と会話をしているなんて、すごいことですね。

質問者Ａ　本当にすごいこと、奇跡ですね。宇宙の方々の信仰心《しんこうしん》にも、本当に頭が下がります。

あとがき

「コロナ・パンデミック」による感染《かんせん》と死の恐怖は、人類がそれをどう受けとめるかで、「神の福音《ふくいん》」にも、「死神の勝利宣言」にもなるだろう。

ジョン・レノンの一見、開き直った霊言も、よくよく真意を味読《みどく》してみると、神の本心の一部が見えてくる。反抗期の人類の大量発生は、地球にとっては、悪性ウィルスの全世界拡散にも似ているのだ。

刈り取られる毒麦《どくむぎ》とならぬように、信仰心に満ちた愛の人とならねばなるまい。

病気は人類にとって避けがたい試練だ。しかし、それを乗り越えた向こう側に、永遠の生命《せいめい》の世界がある。
布マスクではなく、神への信仰に生命《いのち》を託《たく》すがよい。

二〇二〇年　四月二十三日

幸福《こうふく》の科学《かがく》グループ創始者兼総裁《そうししゃけんそうさい》　大川隆法《おおかわりゅうほう》

『釈尊の未来予言』関連書籍

『太陽の法』（大川隆法 著　幸福の科学出版刊）
『信仰の法』（同右）
『中国発・新型コロナウィルス感染 霊査』（同右）
『中国発・新型コロナウィルス 人類への教訓は何か
――北里柴三郎 R・A・ゴールの霊言――』（同右）
『エローヒムの降臨』（同右）
『仏陀は奇跡をどう考えるか』（同右）
『天御祖神の降臨』（同右）
『守護霊霊言　習近平の弁明』（同右）

『宏洋問題の深層』（幸福の科学総合本部 編　同右）

釈尊《しゃくそん》の未来予言《みらいよげん》

2020年4月27日　初版第1刷
2023年5月27日　第3刷

著　者　大《おお》川《かわ》隆《りゅう》法《ほう》

発行所　幸福の科学出版株式会社

〒107-0052 東京都港区赤坂2丁目10番8号
TEL(03)5573-7700
https://www.irhpress.co.jp/

印刷・製本　株式会社 研文社

落丁・乱丁本はおとりかえいたします

ISBN978-4-8233-0174-2 C0014

大川隆法ベストセラーズ・人生の目的と使命を知る

「大川隆法　初期重要講演集
ベストセレクション」シリーズ

幸福の科学初期の情熱的な講演を取りまとめた初期講演集シリーズ。幸福の科学の目的と使命を世に問い、伝道の情熱や精神を体現した救世の獅子吼《ししく》がここに。

初期講演集シリーズ 第1～7弾!

1

2

3

4

5

6

7
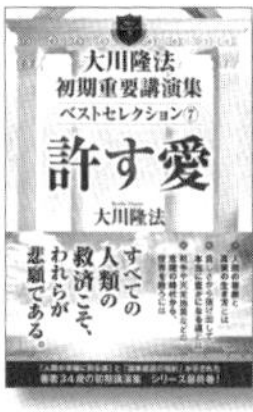

1 幸福の科学とは何か
2 人間完成への道
3 情熱からの出発
4 人生の再建
5 勝利の宣言
6 悟りに到る道
7 許す愛

各1,980円

幸福の科学の十大原理
（上巻・下巻）

世界168カ国以上に信者を有する「世界教師」の初期講演集が新装復刻。幸福の科学の原点であり、いまだその生命を失わない熱き真実のメッセージ。

各1,980円

※表示価格は税込10%です。

大川隆法ベストセラーズ・地球神エル・カンターレの真実

メシアの法

「愛」に始まり「愛」に終わる

「この世界の始まりから終わりまで、あなた方と共にいる存在、それがエル・カンターレ」──。現代のメシアが示す、本当の「善悪の価値観」と「真実の愛」。

2,200円

信仰の法

地球神エル・カンターレとは

さまざまな民族や宗教の違いを超えて、地球をひとつに──。文明の重大な岐路に立つ人類へ、「地球神」からのメッセージ。

2,200円

エローヒムの降臨

映画「宇宙の法―エローヒム編―」参考霊言

1億5000万年前に降臨し、善悪・正義・慈悲を説かれた地球神エローヒム──。その実像や、当時の地球の様子、宇宙人との交流など、人類の秘史が明かされる。

1,760円

永遠の仏陀

不滅の光、いまここに

すべての者よ、無限の向上を目指せ──。大宇宙を創造した久遠の仏が、生きとし生ける存在に託された願いとは。

1,980円

幸福の科学出版

幸福の科学グループのご案内

宗教、教育、政治、出版などの活動を通じて、地球的ユートピアの実現を目指しています。

幸福の科学

一九八六年に立宗。信仰の対象は、地球系霊団の最高大霊、主エル・カンターレ。世界百六十八カ国以上の国々に信者を持ち、全人類救済という尊い使命のもと、信者は、「愛」と「悟り」と「ユートピア建設」の教えの実践、伝道に励んでいます。

（二〇二三年五月現在）

愛

幸福の科学の「愛」とは、与える愛です。これは、仏教の慈悲《じひ》や布施《ふせ》の精神と同じことです。信者は、仏法真理をお伝えすることを通して、多くの方に幸福な人生を送っていただくための活動に励んでいます。

悟り

「悟り」とは、自らが仏の子であることを知るということです。教学《きょうがく》や精神統一によって心を磨き、智慧《ちえ》を得て悩みを解決すると共に、天使・菩薩《ぼさつ》の境地を目指し、より多くの人を救える力を身につけていきます。

ユートピア建設

私たち人間は、地上に理想世界を建設するという尊い使命を持って生まれてきています。社会の悪を押しとどめ、善を推し進めるために、信者はさまざまな活動に積極的に参加しています。

国内外の世界で貧困や災害、心の病で苦しんでいる人々に対しては、現地メンバーや支援団体と連携して、物心両面にわたり、あらゆる手段で手を差し伸べています。

年間約２万人の自殺者を減らすため、全国各地で街頭キャンペーンを展開しています。

公式サイト **www.withyou-hs.net**

自殺防止相談窓口

受付時間　火～土:10～18時（祝日を含む）

TEL **03-5573-7707**　メール **withyou-hs@happy-science.org**

ヘレン・ケラーを理想として活動する、ハンディキャップを持つ方とボランティアの会です。視聴覚障害者、肢体不自由な方々に仏法真理を学んでいただくための、さまざまなサポートをしています。

公式サイト **www.helen-hs.net**

入会のご案内

幸福の科学では、大川隆法総裁が説く仏法真理《ぶっぽうしんり》をもとに、「どうすれば幸福になれるのか、また、他の人を幸福にできるのか」を学び、実践しています。

入会

仏法真理を学んでみたい方へ

大川隆法総裁の教えを信じ、学ぼうとする方なら、どなたでも入会できます。入会された方には、『入会版「正心法語《しょうしんほうご》」』が授与されます。

入会ご希望の方はネットからも入会申し込みができます。

happy-science.jp/joinus

三帰《さんき》誓願《せいがん》

信仰をさらに深めたい方へ

仏弟子としてさらに信仰を深めたい方は、仏《ぶっ》・法《ぽう》・僧《そう》の三宝《さんぽう》への帰依を誓う「三帰誓願式」を受けることができます。三帰誓願者には、『仏説・正心法語』『祈願文《きがんもん》①』『祈願文②』『エル・カンターレへの祈り』が授与されます。

幸福の科学 サービスセンター
TEL 03-5793-1727
（受付時間／火～金:10～20時 土・日祝:10～18時（月曜を除く））

幸福の科学 公式サイト
happy-science.jp

ハッピー・サイエンス・ユニバーシティ
Happy Science University

ハッピー・サイエンス・ユニバーシティとは

ハッピー・サイエンス・ユニバーシティ（HSU）は、
大川隆法総裁が設立された「日本発の本格私学」です。
建学の精神として「幸福の探究と新文明の創造」を掲げ、
チャレンジ精神にあふれ、新時代を切り拓く人材の輩出を目指します。

人間幸福学部　経営成功学部　未来産業学部

HSU長生キャンパス TEL **0475-32-7770**
〒299-4325　千葉県長生郡長生村一松丙 4427-1

未来創造学部

HSU未来創造・東京キャンパス
TEL **03-3699-7707**
〒136-0076　東京都江東区南砂2-6-5　公式サイト **happy-science.university**

学校法人 幸福の科学学園

学校法人 幸福の科学学園は、幸福の科学の教育理念のもとにつくられた教育機関です。人間にとって最も大切な宗教教育の導入を通じて精神性を高めながら、ユートピア建設に貢献する人材輩出を目指しています。

幸福の科学学園
中学校・高等学校（那須本校）
2010年4月開校・栃木県那須郡（男女共学・全寮制）
TEL **0287-75-7777** 公式サイト **happy-science.ac.jp**

関西中学校・高等学校（関西校）
2013年4月開校・滋賀県大津市（男女共学・寮及び通学）
TEL **077-573-7774** 公式サイト **kansai.happy-science.ac.jp**

仏法真理塾「サクセスNo.1」

全国に本校・拠点・支部校を展開する、幸福の科学による信仰教育の機関です。小学生・中学生・高校生を対象に、信仰教育・徳育にウエイトを置きつつ、将来、社会人として活躍するための学力養成にも力を注いでいます。

TEL 03-5750-0751（東京本校）

エンゼルプランV

東京本校を中心に、全国に支部教室を展開。信仰をもとに幼児の心を豊かに育む情操教育を行い、子どもの個性を伸ばして天使に育てます。

TEL 03-5750-0757（東京本校）

エンゼル精舎

乳幼児が対象の、託児型の宗教教育施設。エル・カンターレ信仰をもとに、「皆、光の子だと信じられる子」を育みます。
（※参拝施設ではありません）

不登校児支援スクール「ネバー・マインド」

TEL 03-5750-1741

心の面からのアプローチを重視して、不登校の子供たちを支援しています。

ユー・アー・エンゼル！（あなたは天使！）運動

障害児の不安や悩みに取り組み、ご両親を励まし、勇気づける、障害児支援のボランティア運動を展開しています。

一般社団法人 ユー・アー・エンゼル
TEL 03-6426-7797

NPO活動支援

学校からのいじめ追放を目指し、さまざまな社会提言をしています。また、各地でのシンポジウムや学校への啓発ポスター掲示等に取り組む一般財団法人「いじめから子供を守ろうネットワーク」を支援しています。

いじめから子供を守ろうネットワーク

公式サイト mamoro.org　ブログ blog.mamoro.org
相談窓口 TEL.03-5544-8989

百歳まで生きる会～いくつになっても生涯現役～

幸福の科学

「百歳まで生きる会」は、生涯現役人生を掲げ、友達づくり、生きがいづくりを通じ、一人ひとりの幸福と、世界のユートピア化のために、全国各地で友達の輪を広げ、地域や社会に幸福を広げていく活動を続けているシニア層（55歳以上）の集まりです。

【サービスセンター】TEL 03-5793-1727

シニア・プラン21

「百歳まで生きる会」の研修部門として、心を見つめ、新しき人生の再出発、社会貢献を目指し、セミナー等を開催しています。

【サービスセンター】TEL 03-5793-1727

幸福実現党

内憂外患《ないゆうがいかん》の国難に立ち向かうべく、2009年5月に幸福実現党を立党しました。創立者である大川隆法党総裁の精神的指導のもと、宗教だけでは解決できない問題に取り組み、幸福を具体化するための力になっています。

HS政経塾

大川隆法総裁によって創設された、「未来の日本を背負う、政界・財界で活躍するエリート養成のための社会人教育機関」です。既成の学問を超えた仏法真理を学ぶ「人生の大学院」として、理想国家建設に貢献する人材を輩出するために、2010年に開塾しました。現在、多数の市議会議員が全国各地で活躍しています。

TEL 03-6277-6029
公式サイト hs-seikei.happy-science.jp

出版 メディア 芸能文化 幸福の科学グループ

幸福の科学出版

大川隆法総裁の仏法真理の書を中心に、ビジネス、自己啓発、小説など、さまざまなジャンルの書籍・雑誌を出版しています。他にも、映画事業、文学・学術発展のための振興事業、テレビ・ラジオ番組の提供など、幸福の科学文化を広げる事業を行っています。

アー・ユー・ハッピー？
are-you-happy.com

ザ・リバティ
the-liberty.com

幸福の科学出版
TEL **03-5573-7700**
公式サイト **irhpress.co.jp**

THE FACT

YouTubeにて随時好評配信中！

ザ・ファクト
マスコミが報道しない
「事実」を世界に伝える
ネット・オピニオン番組

ザ・ファクト 検索

NEW STAR PRODUCTION

ニュースター・プロダクション

「新時代の美」を創造する芸能プロダクションです。多くの方々に良き感化を与えられるような魅力あふれるタレントを世に送り出すべく、日々、活動しています。 公式サイト **newstarpro.co.jp**

ARI Production

ARI《アリ》 Production《プロダクション》

タレント一人ひとりの個性や魅力を引き出し、「新時代を創造するエンターテインメント」をコンセプトに、世の中に精神的価値のある作品を提供していく芸能プロダクションです。 公式サイト **aripro.co.jp**

大川隆法　講演会のご案内

大川隆法総裁の講演会が全国各地で開催されています。講演のなかでは、毎回、「世界教師」としての立場から、幸福な人生を生きるための心の教えをはじめ、世界各地で起きている宗教対立、紛争、国際政治や経済といった時事問題に対する指針など、日本と世界がさらなる繁栄の未来を実現するための道筋が示されています。

022 年 7 月7 日 さいたまスーパーアリーナ
甘い人生観の打破」

2019年7月5日 福岡国際センター
「人生に自信を持て」

2019年10月6日 ザ ウェスティン ハーバーキャッスル トロント(カナダ)
「The Reason We Are Here」

2011 年3月6日 カラチャクラ広場(インド)
「The Real Buddha and New Hope」

2019年3月3日 グランド ハイアット 台北(台湾)
「愛は憎しみを超えて」

講演会には、どなたでもご参加いただけます。
最新の講演会の開催情報はこちらへ。 ⟹ 大川隆法総裁公式サイト https://ryuho-okawa.org